精神科医が教える

心が安らぐ「老後のシンプル生活術」

保坂 隆

PHP文庫

○本表紙図柄＝ロゼッタ・ストーン（大英博物館蔵）
○本表紙デザイン＋紋章＝上田晃郷

はじめに――「シンプル」だからこそ、穏やかで心満たされる日々

人間にとって本当に大事なものは何でしょうか。人間を本当に満たしてくれるものは何でしょうか。

悲しいことに、それを失うまで、人間は何が大事なものなのか、何によって満たされていたのか、気づかないことが多いものです。

人間は年齢を重ねるにしたがって、体力も気力も、ゆるやかながら下降線をたどるようになります。その時になって、気が弱くなったり、うつになったりする人もいます。

しかし、私はこれをマイナスとは考えません。人間には、下降線をたどる日々でさえ、ゆたかに満たされて生きる知恵があるからです。

その知恵とは本当に大事なものを見極める力であり、さらには、必要以上の荷物をいさぎよく肩から下ろす勇気に集約されるのではないでしょうか。

ムダな贅肉《ぜいにく》をそぎ落とした肉体は健やかであるばかりか、見る人の心を奪う美しいものです。ムダをなくしたシンプルな生き方も、見事に美しいライフスタイルです。

余分なものを手放《てばな》し、暮らしをすっきりシンプルにすることは、暮らしを健《すこ》やかに、心地よいものにする、最短で最高の道です。

私たちは現在、あまりにもたくさんのものに囲まれて生きています。そのうえに、さらに「もっと、もっと」と手を伸ばす暮らしを続けています。その結果、味わっているのが、実は満足感どころか、まだ足りない、もっと欲しいという不足感や不満です。なんという皮肉《ひにく》でしょうか。

必要なだけのものがあればそれでいい。そう思いませんか。そのかわりに、ものを大事にし、そのものを十分に味わい、楽しむ時間を過ごしてはどうでしょうか。

人間関係も同じです。義理やしがらみ、義務感などが伴《ともな》う重たいだけの人間関係は、思い切って断ち切ってしまいましょう。まして、仕事を退《しりぞ》いた老後の日々なら、本当に心を満たしてくれる家族や友人がいればそれで十分。大切な人たちと、こまやかに心を通《かよ》わせ合う日々を過ごしていきましょう。

「よりシンプルな生活へ戻るのは、むしろ前進だ」という言葉があります。

人生を円熟《えんじゅく》させていくこれからの日々も、さらに前進をめざしたい……。その視線の先にあるのは、シンプルですっきりと整《ととの》えられた毎日です。シンプルだからこそ、このうえなく穏《おだ》やかで、心満たされる日々になるのです。

この本には、そんな日々を実現するヒントをたくさん集めてみました。

二〇一五年七月

保坂　隆

精神科医が教える

心が安らぐ「老後のシンプル生活術」◎目次

第1章　いさぎよく「肩から荷を下ろす」勇気
――「欲しがり」や「忙しさ」からはもう卒業

第2章　身辺整理で「老いの生き方」が変わる
――過去の延長線から「現在形の生活」に

第3章
「無駄なエネルギー」を使わない選択
――誰かに与えられて「今日」を生きている

第4章

人間関係も「シンプル」が落ち着く
——「大事な人」とだけ向き合う日々

第5章

「ほど」を知って楽しみ上手になる
――「遊び心」が「ゆたかさ」へと広がる

第6章 シンプルに「心を澄ませて」生きる

——まわりの一つひとつに「感謝」を

編集協力――幸運社／菅原佳子

第1章

いさぎよく「肩から荷を下ろす」勇気

――「欲しがり」や「忙しさ」からはもう卒業

「老後に大切にしたいもの」の順位を考えてみる——意識の変化

知人の子が小学校に入って間もないころの話です。あるとき、「世の中で大事なものリスト」をつくったそうです。

「一ばん＝命、二ばん＝水、三ばん＝太陽、四ばん＝お母さん、五ばん＝お金、六ばん＝食べ物、七ばん＝塩、八ばん＝お父さん、九ばん＝友だち、一〇ばん＝お兄ちゃん、おじいちゃん・おばあちゃん」

知人の記憶は多少おぼろげですが、一位から五位までは今でもしっかり覚えているそうです。母親が、四位だったことを嘆《なげ》いていたからです。まして父親（自分）など八位と決めつけられ、ちょっと不満でした。

でも内心では、「なかなか鋭《するど》いじゃないか」と思う気持ちもあったと言います。今改めて眺《なが》めてみても、なかなかよくできているリストじゃないか、とニンマリします。

感心するのは、このランキングには、ミニカーとかゲーム機などの「もの」がまったく登場しない点です。命や母親に比べれば、「もの」などそう大した存在ではない——。子ども心にも、そう思ったのではないでしょうか。

自分の人生に、特に老後に向かう年齢に差しかかっているならば、老後に大切にしたいものは何と何と何か……。一度、順位をつけながら、リストアップしてみてはどうでしょうか。

私なりに大事なものを考えてみると、「ゆったりと過ごせる時間」「常に身近に置いておきたい何冊かの本」、そして、やはり家族や友人でしょうか。

あとはチャップリンではないけれど、少しのお金（some money）です。チャップリンは、「人生に必要なものは、勇気と想像力、それと少しのお金」という言葉を残しているのです。

正直に自分の心に聞いてみると、この歳になって本当に欲しいもの、必要なものはそう多くはないことに気づきます。

そして、本当に大事なものがはっきり見えてくると、それまでの「あれも欲しい、これも手に入れたい」とヤキモキしたり、片づけきれないほどのものに埋《う》もれている今の暮らしが、ちょっと重苦しく感じるようになってきます。

現在の暮らしは、長年、少しずつ不要な脂肪がついてしまい、気がついたらメタボ体型になっていたのと同じ。そこに気がつけば、「ああ、すっきりしたい」と心の底から思うように変わるでしょう。

めざすのは、本当に大事なものだけを手元に残した、すっきりスリムな老後の暮らしです。さっそく暮らしのシェイプアップを始めましょう。

「三〇%のゆとり」を──頑張って維持できる老後の暮らしはダメ

水遊びをした犬が体をブルブルッと震《ふる》わせて水気《みずけ》を飛ばすように、体をブルブルッと震わせると、仕事のストレスや住宅ローン、子どもの教育など、それまで自分にまとわりついていたものが振り落とされていく……。そんなテレビCMを以前、見たことがあります。

誰でも、本当にいろいろな問題や心配、不安を抱《かか》えて生きているものです。

でも、老いの日はこのCMのように、ブルブルッとした後と同じです。まず仕事から解き放たれ、それまで肩に重くのしかかっていたローンや教育費なども、ひと段落するでしょう。もしかしたら、大人になって初めて訪れる、身も心も軽くなった時期だと言えるのではないでしょうか。

神様は、実にうまいはからいをするものだなと思うことがあります。こうして肩の荷を下ろせるころになると、個人差はあるものの、誰でも徐々に体力や気力などが下り坂に向かうようになります。

今はまだ、頑張れると思っているかもしれません。でも、これから先は年々、力は落ちていく一方でしょう。

いろいろなものを振り落とせる年齢というのは、逆に言えば、もうそれ以上、重荷は背負えない年齢だと考えればいいはずです。

定年が近づいたり、何かの折《おり》に老いの気配を感じるようになったら、身のまわりをすっきり整《ととの》えて、できるだけ簡素でシンプルな暮らしをめざしませんか。

もう自分の力では維持できない暮らしはやめて、いえ、力を目いっぱい頑張ってようやく維持できるような暮らしもやめて、時間的にも、体力的にも、そして経済的にも、今の持てる力の七〇～八〇％以内にとどめて暮らすのです。

すると、残りの二〇～三〇％がゆとりになります。そのゆとりや余力こそが、何ものにも代えられない、心のゆたかさを感じさせてくれるものなのです。

「人生八十年」が当たり前になった長寿時代です。これから先も、まだまだ時間は十分にあります。現役時代の重荷を整理してできるだけ早く身軽になり、そのかわり、自由な時間を十分にゆたかに使う。考えようによっては、これ以上の贅《ぜい》沢《たく》な日々はないでしょう。

「忙しい」はもう美徳ではない――無為に時間を過ごすゆたかさ

「お忙しいでしょう?」という言葉が挨拶《あいさつ》がわりになったのは、いつのころからだったでしょうか。

現代では、忙しいことが一種のステータスシンボルにもなっているようです。でも、忙しいことは本当にいいことなのか。大いに疑問です。

現役時代は、朝から晩までスケジュールを消化するのに追いまくられていたという人も多いでしょう。組織で仕事をしている場合は、それもある程度、やむを得なかったかもしれません。

それが習い性《しょう》となってしまったのか、第一線を退いてからも、毎日、何かしら予定があり、忙しくしていないと不安だと感じる人が少なくないようです。

Tさんもそんなひとりです。現役時代は大手製薬会社の営業として、出張と残業続きで働き抜いてきました。

定年を迎え、ようやくのんびり過ごすことができるようになったはずですが、地域の活動や、区から借りた畑で家庭菜園《さいえん》、会社時代の同期会や大学の同窓会の幹事……。その間には自治体が主宰《しゅさい》しているシニアの運動クラブや英会話、写真の会など、興味のおもむくままに参加しており、その結果、今もTさんのスケジュール表は予定でいっぱいです。

こう聞くと、積極的に充実した日々を過ごされている様子が目に浮かんできます。Tさん自身がそれで大満足なのですから、傍《はた》の者がとやかく言う必要はないのですが、私はあえて異論を唱えたい気持ちを抑えられません。閑居《かんきょ》することの大切さを主張したいのです。

忙しいという字は「心を亡くす」と書くことからもわかるように、忙しさのあまり、本来ならば欠かしてはいけない心遣《づか》いがおろそかになってしまうことも多いのです。忙殺《ぼうさつ》されるという言葉のとおり、忙しさは相手に対する思いを欠き、まわりの友人関係など、大事なものを失ってしまう結果を招きやすいのです。

人間にとって、忙しいことは必ずしもよいことでも、ほめられるべきことでもないと、認識を改めるべきだと思います。

ある年代になったら、めざすべきは、スケジュール表に白い部分が多い、閑《かん》のある生き方ではないでしょうか。せっかく自由に時間を過ごせる身になったのですから、週に二、三日はあえて予定を入れず、無為《むい》に過ごす日をつくるのもいいものです。

そんな日は腕《うで》時計を外してしまい、時間を気にしないという過ごし方をおすすめします。仕事や約束がないなら、今、何時なのかは大した意味はありません。

最近はテレビ画面に分単位まで表示されるためか、つい、「もうこんな時間か」と思うことも多いのですが、あえて時間のたつことを忘れて過ごすと、時計の示す時間とは「別の時間」もあることに気づくのです。

私がアメリカに住んでいたころは、休日によく郊外《こうがい》に出かけたものです。町を少し出ると、庭に大きなテラスが張り出している家が多いのですが、そのテラスの椅子《いす》に座り、マグカップを傾けながら、何をするというわけでもなく、空の雲《くも》や行き交《か》う人をただ眺《なが》めている、そんな光景をよく見かけるのです。

しかも、行きも帰りも同じ姿を見かけるのです。その人は一、二時間、ずっとテラスでのんびりしていたのでしょう。

昔から、せかせか動きまわっていないと気がすまない人を「貧乏性《しょう》」と言ったものです。一時間も二時間も、テラスの椅子に座ってゆっくり時を過ごすことができる……。こうした人は貧乏性とはまるで対極にいる、時間をゆたかに過ごす方法を知っている人だと言えるのではないでしょうか。

「閑の時間」は、もっとも贅沢で上質な時間だという感覚を味わうと、人生のゆたかさの方向性が大きく広がっていくはずです。

現代人の言葉の多さ――「無音や沈黙の時間」にこそ深い味わい

朝、起きるとほとんど同時にテレビをオンにする。帰宅すると、電気をつけると同時にテレビをつける。通勤電車や車に乗っている時間もラジオをつけたり、ダウンロードした音楽を聴《き》いたりする。

テレビではまるで機関銃のようなトークを展開するバラエティ番組が人気で、不思議なことに、ちゃんと音が聞こえているうえに、トークを字幕《じまく》で流していたりするのです。耳だけでなく、目もひっきりなしに刺激を受ける状態です。

最近は、起きている間中、何かしら音がしている暮らしが普通です。しかし、昔の暮らしにはもっと無音の時間があったものです。のべつまくなしにしゃべることや、言葉が多すぎる饒舌《じょうぜつ》は、むしろ戒《いまし》められるものだったはずです。

良寛《りょうかん》は、いつも袖《そで》に手まりを入れて子どもたちと戯《たわむ》れていたことや、弟子の貞心尼《ていしんに》との恋物語で知られますが、実像は江戸時代後期の曹洞宗《そうとう》の禅僧《ぜんそう》です。子どもと遊ぶことを好んだのは、「子どもの純真《じゅんしん》な心こそが真に仏《ほとけ》の心」と解釈していたからと言われます。

良寛が残した書に『戒語《かいご》』や『九十戒』があります。どちらも自分を戒める書ですが、両書にはともに、口を慎《つつし》むべきであると繰り返し書かれています。

『戒語』の最初は、一、言葉の多さ、二、口の早さ、三、もの言いのきわどさ、四、話の長さ、五、もの言いのくどさ。『九十戒』も、一、二、三、四は言葉の多さ、もの言いのきわどさ、口の早さ、話の長さ、五つ目に、問《と》わず語《がた》りを挙げ、戒めるものとしています。

ところが、現代のテレビのトークは反対に、これらを推《お》すように流れていると思えてなりません。もちろん、テレビ番組ではそれもやむを得ないところがあるのでしょうが、問題は見ている側もその影響を受けてしまうことです。現代人の言葉の多さは、やや異常だと言いたくなってしまうのです。

大ベストセラー『気くばりのすすめ』（講談社）の著者である鈴木健二《けんじ》さんは、「テレビのスイッチは消すためにある」と語って話題になりました。鈴木さんは元NHKアナウンサーなので、テレビのスイッチを消すという発言は、立場上、ちょっと困ることだったのかもしれません。でも、おそらく、これは本音だったのでしょう。

時にはテレビを消して、言葉のない、静かな環境に身を置くことをおすすめします。一時間、いや三十分でもいい。音のない空間に身を置いていると、都会のマンション暮らしでも、風の音や虫の音が聞こえてきたりして、それまで感じることがなかった大事なものや、変化に気づいたりする場合があります。

人間関係も同じです。恋人時代を思い出してみましょう。ひっきりなしにしゃべらなくても、ただ一緒にいるだけで、言葉以上の大切なものを伝え合っていた時間があったはずです。そして、沈黙の時間があるからこそ、その後に発せられた言葉には万感《ばんかん》の思いがこもるものです。

ストレスに強くなるには?——最初から「気にしない」に尽きる

現代人は、生活の中でさまざまなストレスを抱えています。

しかし、人間には、そうしたストレスをはね返そうとする弾力《だんりょく》性があります。外部からの刺激に反応し、加えられた圧力をはね返し、歪《ゆが》みを回復しようとする働きがあるのです。

しかし、刺激が強すぎたり、何らかの理由で刺激をはね返す力が弱っているとストレス対応ができず、精神や体のバランスが崩れてしまいます。イライラしたり、過剰《かじょう》に感情的になるのは、精神のバランスが崩れてしまった証拠です。

どのくらいのストレスならば、人は耐えられるのかを示すのは、かなり難しいものです。ストレスの強さを客観的に測ることはできませんし、どのくらいのストレスを感じると心や体のバランスを崩すかという点についても、非常に個人差が大きいからです。

深刻な事態に直面し、精神的に相当きついだろうなと思えるような状況でも、精神のバランスをよく保ち、しっかりと事態に向き合って最後は乗り越えていく人がいます。逆に、はた目には、このくらいのことで……と思えるような原因で心のバランスを崩してしまう人もいるものです。すべては気の持ちようと言って済ませられるほど簡単ではありませんが、それでも、できるだけイライラしないように、ストレスに対しては強くなりたいものです。

ストレスに強い精神性を養《やしな》う方法はただ一つ。それは「気にしない」ということに尽きます。厳しいようですが、どんな心配ごとも、心を砕《くだ》かんばかりに悩みぬけば問題が解決するというわけではありません。だったら、今はどうしようもない問題に悩むのはムダ。むしろ、悩みをあえて気にしないように心がけるほうがいいのです。

古代中国からの健康法の「気功《きこう》」では、「気にかかることがあってもほったらかしにして」呼吸に集中するようにと教えます。まさに至言《しげん》で、いくら悩んだところで、過去に起きてしまったことは「起きなかった」ことにできません。これから起こるかもしれないはるか未来のことを悩んだところで、誰にもこれから先のことはわからない。

やはり、悩むだけムダ。悩みは、ほったらかしにしておくほかないのです。禅でも「不思善《ふしぜん》、不思悪《ふしあく》」ということを教えます。いいことも悪いことも考えてはいけないと言うのです。

悪いことはともかく、いいことなら考えてもいいんじゃないか？　凡人はこう思います。

しかし、いいことを思っているつもりでも、「あそこまでは全部うまくいっていた。でも、その後、部下があんな失敗さえしなければ、もっといい結果になったはずだ。彼はいつも肝心なところでミスをする。思い出すだけで腹が立つ……」などと、とんでもない方向に考えが進んでしまうことは、決してまれではありません。

だから「不思善、不思悪」。よいことも考えないほうがいい、というわけです。

ところが、真面目な人ほど自分の思いを見据《みす》え、悩み、少しでもよい解決策はないだろうかと考えあぐねます。でも、真面目に考えてみたところで、かえって不安の要素が増したり、イライラが募《つの》ったりするのでは、意味がありません。というわけで、ストレスをなくすには、気にせず、気楽にしているのがいちばんなのです。

できるだけ気にしないようにしていれば、どんなに深刻そうな悩みも、いつの間にか乗り越えているものです。時間だけが解決することもあるでしょう。「のどもと過ぎれば熱さを忘れる」とも言います。嵐《あらし》も吹き荒れるのは束《つか》の間。しばらくしのげば、気がつけば台風一過《いっか》。どこまでも晴れ渡った青空に変わっているかもしれません。

「欲しがり」を人生の原動力にするのは卒業――気持ちが楽になる

団塊《だんかい》の世代ぐらいまでは、どんなに欲しいものでも手に入らず、我慢しなければならなかった原体験が、心の底に潜《ひそ》んでいます。

そのためか、時には必要以上の「欲《ほ》しがり」になってしまい、常に旺盛《おうせい》な消費意欲で、自分が欲しいと思うものをどんどん手に入れてきました。かつての高度成長は、団塊世代の消費意欲に牽引《けんいん》されたといっても過言ではありません。

その後遺症なのでしょうか。現在のシニア世代には、かなり「欲しがり」の人が少なくありません。山ほど買い物をした後に、さらに、くれると言われれば、何をくれるのかわからなくてもすぐに手を伸ばし、手にしたものがすでに持っているものだったり、自分には必要がないものでも「まあ、もらっておくか」と、とりあえず持ち帰る。そんな人をよく見かけます。

さらに、三〇〇〇円以上買い物をすればエコバッグをくれると聞くと、本当は二〇〇〇円で済む買い物なのに、要らないものまで買い足して三〇〇〇円以上にしてエコバッグを手に入れる。同じようなエコバッグは、もう二つも三つも持っているのに……。

そうして手に入れたエコバッグは、使われずデッドストックになるだけです。これではかえって「反エコ」ではないか、と突っ込みたくなってしまいます。

しかも本来、要らなかったものを一〇〇〇円分も多く買い込んだのです。言うまでもなく、これもムダでしょう。買い込んだものは冷蔵庫なり、クローゼットなり、部屋のどこかなり、家の中でそれなりの場所を占め、空間もふさぎます。こんな経験がほかにもたくさんあるはずです。

「欲しがり」は、ムダに通じるところが多いのです。いい加減、もう終わりにしませんか？

手に入れるのは本当に必要なものだけ、本当に欲しいものだけにする。こう心がけるだけで、日ごろの行動はかなり違ってくるはずです。

欲求は本来、ネガティブな感情ではありません。欲求があるから頑張れるし、前進もできます。文明の進歩は、もっと欲しい、もっと楽《らく》をしたいという人間の「欲しがり」を原動力にして進んできたとも言えます。これは一人ひとりの人生についても、同じはずです。

でも、人生で必要なものは、だいたい手に入れているのがシニア世代でしょう。際限のない「欲しがり」はもうやめて、すでに手の中にあるものを慈《いつく》しんで使う方向に切り替えてもいいのではないでしょうか。そのほうがずっと心穏やかに過ごせると思います。

「今あるもので満たされている」ことを知る――幸せを感じる原点

「あればいいというものは、なくてもいい」

こんな言葉を聞いたことがあります。考えてみるまでもなく、昨日も一昨日もこれまでずっと、今あるものでそう不自由を感じることなく暮らしてきたはずです。必要なものはすでに、ちゃんと与えられているのです。

ところが、テレビで「これ一つであれもこれもできて、こんなに便利！」というCMを見たりすると、「あら、本当に便利そう」と身を乗り出し、気づいた時には、「これ買いたいのですが」と電話をかけていたりします。その結果、また一つものが増えるわけです。

身辺《しんぺん》のものは、こうして増えてきたのではありませんか。「欲しい」という気持ちに歯止めをかけないと、ものは際限なく増殖するものだ、と考えるようにしましょう。

もちろん、買ってみたところ、本当に便利でずっと愛用している「大当たり」

もあるでしょう。でも、ほとんどは、まじめに使うのは最初の一、二ヵ月くらいだけ。あとは、ホコリをかぶっているのではないでしょうか。

ものが増えれば、それだけ場所をとります。家が狭いと感じるのは、こうした「あってもなくてもいい」ものがだんだん増えていき、場所をふさいでしまっているからとも言えます。

少し古いデータですが、一戸あたりの床面積《ゆか》の国際比較によると、アメリカが一四三平方メートルと断然トップ。次はなんと日本の一二五平方メートル（持ち家）です。フランスが九九平方メートル、ドイツ九五平方メートル、イギリス八七平方メートルと続きます（国土交通省『平成15年住宅・土地統計調査』）。

この数字に驚く人は少なくないでしょう。「日本の住居が狭い」と言われるのは誤解で、実はものが多すぎるためだったのです。

実際にヨーロッパで暮らした経験がある知人の話では、ヨーロッパでは一般に日本人ほどものを買わないそうです。何かを買おうと決意した場合も、何度も何度も店に足を運び、あるいはウィンドウショッピングを繰り返して十分検討し、クリスマス後のセールなどでやっと購入するのが普通だそうです。

彼らに言わせれば、こうして検討している時間や手間も、ショッピングの一部として楽しんでいるのだそうです。だから、ウィンドウウオッチングではなく、ウィンドウショッピングなのですね。お金を出して買う瞬間だけが、ショッピングではないのです。

ここでお話したいのは、多くの人が、すでに今あるもので十分満たされているという事実です。現状のままで、ちゃんと暮らしてこられたのがその証拠です。現状が満たされていることを、まずしっかり感じる。この感覚は〝幸せを感じる原点〟とも言えるものだと思います。いわば幸せの土台です。足りないものを数えてため息をつくのではなく、今あるものを見つめて、「これだけあればもう十分」と心が満たされる。

どちらも目にしているのは同じ現実です。同じ現実も見方次第で、幸・不幸に大きく分かれることを知りましょう。

「身近なものに命が宿る」——最近の日本人が失ってしまった感覚

学生時代の友人がヨーロッパで暮らしています。彼女の夫は北欧の人で、日本に来た時に何回か会い、一緒にビールを飲みながら楽しい時間を過ごしたことがあります。

その席で友人がこう言い出しました。

「彼には困ってしまうのよ。毎朝、散歩をするのはいいけれど、粗大《そだい》ゴミの日にいろんなものを拾ってくるんです」

ご主人は、まだまだ十分使えるものがあちこちに捨ててあり、そのまま素通りすることはできないと言います。

さらに、「まだまだ使えるものを捨ててしまうなんて、ものがかわいそうだ。最後まで使い切るのが、ものへのConscienceではないか」と主張します。

Conscienceとは、「誠実さ」「良心」というような意味です。ものに対しても、誠実さをもって向き合う。最近の日本では失われてしまった姿勢ではないかと、私は内心、恥ずかしい感覚を覚えたものです。

かつては日本にも、一度手にしたものはとことん大事に使う姿勢があったものです。大切に使い込むことで、その価値を高めていく姿勢さえありました。木工品、革製品《かわ》、器《うつわ》など、使うたびに自然と磨《みが》きあげられ、年季《ねんき》が入ったいい味わいのものになっていく。そんな変化を大いに喜んだものでした。

ところが最近は、「使い捨て感覚」の品物がますます多くなっています。

二〇一一年の地デジへの移行では、テレビが大量に不法投棄されているという記事を目にしましたが、捨てられたテレビの多くは、チューナーを使えばまだまだ使えるものだったはずです。最近では、パソコンの「Windows XP」のサポート期間の終了による買い替えも店頭で話題になりました。

どんどん新しい商品を買ってくれなければ、経済が停滞してしまうということもわからないではありません。でも、人々の暮らしが経済原則だけで動いていく傾向には疑問が残ります。

ものに対するConscienceから生まれた伝統工芸もあります。「刺し子《さこ》」や「こぎん刺繡《ししゅう》」は今では装飾性《そうしょく》第一の工芸ですが、本来は布が薄くなったり、ほころびができた時に、糸で幾重《いくえ》にも刺して補強したことから生まれたものです。

貧しく、布が貴重だったこともあるでしょうが、底に流れているのはものへの愛情、ものを最後まで大事に使おうとする思い、ものに対するConscienceだったのです。

だからこそ、実用本位というだけでなく、より美しく刺そうという工夫が生まれ、工芸の域にまで高められてきたのでしょう。

私の母や祖母の世代の女性たちは、本当にものを大切にしていました。そしてものに対して、よく話しかけていたような気がします。

小さな端切《はぎ》れまで残しておき、手放すものは、よほど使い込み、本当に捨てるほかなくなったものばかり。そんなものにも「今までありがとうね」とか「これまでよく頑張ってきたね」「ごめんなさいね」などと声をかけていたことを覚えています。

もの余りの時代になって久しいですが、こうした気持ちはいつまでも大事にしたいと思います。

最近では、新しく買ったほうが経済的という現実もあるでしょう。でも、そうした時代になっても、ものにも宿《やど》る命を大事にするConscience、誠実さは失いたくありません。

惜しみなく人に与える——ものには「使われるべき時」がある

二〇一一年の東日本大震災では、私たちははかりしれないほどの大切なものを失いました。被災地の人はもちろんですが、それ以外の人も大きな喪失感を味わいました。ただ一方で、得たものもあったことは一つの救いになっています。

その中でも大きなものは、誰かのために何かができるという実感は、それまで想像できなかったほど、自分という存在を満たしてくれるものだと、多くの人が知ったことでしょうか。

たくさんの人が現地に駆《か》けつけてボランティア活動で汗を流し、さらに多くの人がポケットマネーを支援金箱に入れました。初めて見知らぬ人のためにお金を差し出した人も、少なくなかったでしょう。

受け取る人のことを真剣に思って、支援金を出した時に込み上げてきた感情は間違っても、お金を失ったという喪失感ではなく、どこか心を満たすものだったはずです。

誰かに与えることによって、もっと大きなものを得る。与えることでいっそう自分が満たされるなんて、人間はほかの動物にはない、本当に素晴らしい感性を持っているのだと感動します。

さらに感動的なのは、愛情、思いやり、喜びといった感情は、人に与えることで、さらに大きく連鎖《れんさ》的にふくらみ、まわりの人々まで幸せや喜びで満たしていくことです。

ものやお金も同じです。お腹を空《す》かして、目の前にパンが一つしかなかったとしましょう。そんな場合には、隠れてひとり占めして食べるよりも、ひと口ずつでも皆で分けて食べるほうがずっと美味しいのです。

ひとりでは食べ切れないものをこっそりしまい込んでおくのは、ケチを通り越して卑《いや》しいことだと思います。しまい込んだまま忘れてしまい、取り出した時には腐っていたり、カビが生えてしまっていた……。そんな経験を持つ人もいるでしょう。

食べるものを例に挙げましたが、ものは皆同じ。しまい込んであったものは、本来のふさわしい鮮度《せんど》が失われてしまうのです。これは意味なくしまい込まれ、使われるべき時を失った、もののリベンジなのかもしれないと思います。

今、手の中にある不要なものは惜しみなく、それを必要とする人に分け与えてもいいのではないでしょうか。そのほうがものの役割が生き、自分自身も大きな満足感を得られるはずです。

不要不急な「いただき物」は人にあげる習慣を――溜め込まない

知人のひとり暮らしの男性は、いただき物があると、自分には必要がない、あるいは自分だけでは多い、または自分がそれほど好きではない場合には、開けた箱を閉じて、必要そうな人にすぐ差し上げてしまうそうです。

「送ってくれた方には申し訳ないけれど、それをいちばん喜び、役立ててくれる人のところに行ったほうが、ものも喜び、かえって、その方の心遣いも生きると思うのです」

こういう考え方もあるのですね。

たとえば、季節のフルーツなどは、たくさんいただいてもひとりでは食べ切れません。食べごろもありますので、長く置いておくこともできません。それならば、旬《しゅん》の美味しいうちに、喜んでもらえる人に分けてあげたほうがよほどいいでしょう。

送ってくださった相手には、

「あんまり美味しそうだったので、近所の友だちに一つ差し上げました。お心遣いを申し訳なくも思ったのですが、おかげで自分も友だちも美味しい幸せを味わえました」

こんなお礼状を出すそうです。

食べ物でなく、タオルや石けんなども多少のストックを置いておけば、あとはそれを必要としている人にあげてしまってもいいでしょう。こうして、自分の手元に必要以上のものを溜め込まない習慣をつけると、暮らしは相当すっきりするはずです。

ただし、もののあげ方はけっこう難しいものです。よほど気のおけない間柄でない限り、もらったほうはどうしても気持ちに負担がかかります。特に理由もなく何かをもらうと、「今度お返ししなくては……」と考えてしまい、一〇〇％素直には喜べません。

そうした相手の気持ちを汲《く》んで、何かを差し上げる時は「このブドウ、もらってもらえる？　たくさんいただいたので、ひとりではちょっと食べ切れなくて。美味しいうちに食べてもらえれば……」

などと、相手の気持ちの負担にならないような言葉を使うとよいと思います。「お返しなど気にせずに」というひと言も添えておきましょう。

誘いに「ノー」と言える勇気を——率直に自分の好みを伝える

もう悠々《ゆうゆう》自適の生活のはずなのに、つい忙しくなってしまう理由の一つが、人から誘われると、すぐに誘いに乗ってしまうことではないでしょうか。

今日はのんびり過ごし、溜まった疲れをほぐそうと思っていたところに電話が鳴り、

「上野の博物館で○○展をやっているの。今週末で終わりなんだけど、よかったら、一緒に行かない？」

以前からその展覧会に行きたいと思っていたのならいいのですが、「せっかくの誘いだから断れなくて……」と、無理して出かける人は要注意です。疲れていてあまり気が進まないならば、はっきりと断ればいいのです。

ただし、せっかく誘ってくれた相手の気持ちも考えて、ほかに用はなくても、「ごめんなさい。せっかくだけど、今日は先約があって、ちょっと都合がつけられないの」というような言葉を添える気遣いは示しておきましょう。

思い切って出かけたら、とてもいい展覧会だったとか、久しぶりに会った友人とすっかり話が弾《はず》んで楽しかった……という結果になればいいのです。でも、あまり気は進まないけれど、断りそびれて無理して出かけたという場合は、だいたいは疲ればかり残る場合が多いのではないでしょうか。

その友人はいい人だけど、誘われた展覧会が好みのものでないという場合は、「実は○○系はあまり好きではないの。今度、△△系の催《もよお》しものがあったら、ぜひ一緒に行きましょうね」と、率直に自分の好みを伝えればいいでしょう。

展覧会や講演会などは、ひとりで行くほうが自分の好きなペースで回れたり、話に集中できていいという人もいますね。そういう人は二度三度と誘いがあっても、きちんと説明して断ればいいのです。よほど鈍い相手でない限り、そのうちお誘いはなくなるはずです。

「頑張って」ではなく「気楽にいこう」――肩の力を抜くのが大事

「頑張ってね」

これは、病院でいちばんよく耳にする言葉です。入院している人を見舞いに訪れた人が、立ち去る際《さい》に口にするのも「じゃあ、頑張ってね」です。

不思議なことに、手術を受けるために今から運ばれていく患者さんの家族も、たいてい患者さんの手を握って「頑張ってね」と言っています。

もちろん、病気を克服するのに、患者さんご本人の気力が大きな力になることはたしかです。でも、こうしょっちゅう「頑張って」とまわりから言われるのはどうでしょうか？　医師としては、ちょっと考えてしまいます。

健康な人でも、たいていの人はもうギリギリと自分で思うところまで頑張っているはずです。病気の人はなおさらです。誰よりも治りたいのはご本人なのですから。

そこで、人にも、自分にも「頑張って」と声をかけるのをやめてみませんか。こうしたシチュエーションでは、アメリカ人はよく「Take it easy.」と言うようです。「まあ、気楽にいこうよ」といった感じでしょうか。

受験、就職、結婚、仕事の競争、さらに趣味の上達やスポーツまでも、十分に頑張ってきた人生です。その人生もすでに後半を迎えたのだから、もうこれ以上「頑張る」のは卒業して、むしろ「ゆったり余裕を持って」という姿勢で臨《のぞ》んではどうでしょうか。

実際に多くの状況で、「頑張って」より「気楽にいこうよ」のほうがうまくいくケースが多いのです。

精神科の診療室を訪れるのは、ほとんどが今まで頑張りすぎてきた人ばかり。「気楽にいこう」と肩の力を抜くことが下手な人とも言えます。なかには「肩の力を抜く」ことを、手を抜くことだと勘違いして、気楽にいくなんて、あってはならないことだと思い込んでいる人さえいます。

「頑張っている」人の目線は、たいてい今の自分よりはるかな高みに向けられています。それでは首が痛くなってしまうし、肩も凝《こ》るでしょう。

目線は、自分の今の位置からまっすぐ正面に向ける、あるいは手元に向けてしまったほうが疲れません。しかも、こうして自分を見つめ、ゆったりと構えているくらいのほうが、よい結果に導かれるものなのです。

「頑張る」という気持ちは大切ですが、余計なプレッシャーやストレスにつながり、負担になりやすいこともたしかです。多くを望みすぎず、ゆったりとした姿勢、楽な呼吸で生きていく方法も覚えておいてください。

「できないこと」を恥じる必要はない──できることを長く続ける

「頑張る」ことが大好きな人は、人と肩を並べて競争するのも大好きです。それも人並みならばまだいいのですが、いちばん先頭の人と肩を並べたがる。いえ、先頭の人を抜きたがる。しかも、あれもこれも……。

学校の成績にはそれが顕著《けんちょ》に表れました。大学生にもなればさすがに違ってきますが、小中高ぐらいまでは、どの科目も成績がいいオールラウンドプレイヤーが評価されやすい、そんな仕組みになっています。まあ、このころまでは、将来どんな仕事をするにしても「基礎となる力」を養《やしな》う時期なので、それも当たっていなくはないのですが。

人は百人百様ですから、それぞれに個性があります。個性というのは、言い方を換えれば、得意なことや好きなことがあり、不得意なことや嫌いなことも当然ある。あっていいのです。

仕事をしていれば、特に組織の中で動いている時は、必ずしも自分の適性をそのまま発揮できない場合もあったでしょう。

でも、不得意なことを克服しようと努力する必要はあっても、それを恥じたりコンプレックスに思う必要はありません。お腹の底では、自分は自分だと思っていればいいのです。

そのかわり、「自分が得意だ」「好きだ」という誰にも引けをとらないものを持ち、それを大事にしていきましょう。

好きなことなら長く続けられます。得意なことを続けていけば、いつの間にかかなり上手になっているはずです。どんなことでも、たとえ特別な才能がなくとも、長く続けてきた人にはかないません。

心ゆたかに幸せに生きるコツは、できないことには目を向けず、自分のできることをしっかり見つめて、長く続けていくことでしょう。

それは、人生で本当に大事なものを見極めるヒントでもあり、残された時間を円熟させていくこれからの日々にこそ、大切なことなのです。

見えない未来を心配しすぎない――今日一日が「もったいない」

「もったいない」という言葉が〝世界語〟になったのは、ノーベル平和賞を受賞したケニアの環境保護活動家ワンガリ・マータイさんが、二〇〇五年三月、国連女性地位委員会で「MOTTAINAI」と唱和《しょうわ》したことからです。

マータイさんは、その一ヵ月前に、京都議定書関連行事のために来日。「もったいない」という日本語を知って感銘《かんめい》を受け、この考え方を世界の人に知ってもらいたいと思ったのだそうです。

でも現在、この「もったいない」の精神をもっとも置き去りにしているのは、日本人の多くではないかと思えてなりません。

次から次へと、いろんなものを使い捨て同然に使っていることもそうですが、もっともったいないのは、自分の人生を大事に生きようとしない人が少なくないからです。

たとえば、老後の不安に怯《おび》えて、毎日、心を閉ざして後ろ向きに暮らしているなどはその典型です。

これから年金で暮らしていけるだろうか。年老いた親や、パートナーの介護を担《にな》うようになったらどうしよう。いや自分が先に寝たきりになったら、認知症になったらどうしよう。ひとり老後になってしまったら……。

こんな不安は数え出したらキリがありません。

実際の未来がどうなるか、誰にもまったくわからないのです。

どんな一日でも、人生でただ一度しか訪れない、貴重で大事な一日です。その一日を、無意味な不安に取りつかれ、無為《むい》に過ごしたり、ふさいだ気分で過ごすのはもったいなさすぎます。

もちろん、だからと言って、未来への備えをまったくする必要はない、というわけではありません。自分のできる範囲で備えをしたら、もうそれ以上のことは気に病《や》まない。見えない未来を心配しすぎるよりも、たしかに見えている今日を楽しく、悔《く》いなく過ごすことを積み重ねていくほうが、ずっといい人生のはずです。

そのためには一日一日、心を整理して、曇《くも》りのない思いですっきり過ごしていきたいものですね。

第2章

身辺整理で「老いの生き方」が変わる

——過去の延長線から「現在形の生活」に

ものを捨てるほど家は広くなる――「毎日の家事」も楽になる

ある五十代の女性の話です。勤務先に近い賃貸マンション暮らしですが、「なにしろ狭くて……」が口癖《ぐせ》。どうやら2DKの間取りのうち一部屋を物置代わりにして、実質的には1DKで生活しているということでした。

しかも、その物置代わりの部屋にいったんものを入れてしまうと、その後、取り出して使うことはめったにないとか。まさに〝お蔵入り《くらい》〟というわけです。

こういうケースは、あんがい多いのではないでしょうか。

シニア世代に多いのは、子どもが独立した後も、子どもが使っていた部屋をそのまま残してあるケースです。子どもが来た時にその部屋に泊まるから？　いったい、年に何回ぐらい、そんな機会があるのでしょうか。

物置部屋や開かずの間《ま》を開放し、自分たちでもっと広く使うようにしたほうがずっと賢明だとは思いませんか。

押入れの一部、めったに開けないキッチンの棚上扉《たなうえ》の中、もう出番がないものがぎっしり詰まったタンスなどは、皆、わが家を狭くしているだけの存在です。

一度、こうした場所に入っているものを全部引っ張り出してみましょう。出てくる、出てくる、次から次へと。なかには、もう何年もしまったままだったり、あることさえ忘れていたものもあるはずです。

ここ二、三年、一度も出番がなかったものは、なくても十分暮らせるもの。はっきり言えば要らないものです。いさぎよく処分してしまいましょう。

「いつか」と「そのうち」「また今度」はオバケと同じ。「いつか使うかもしれない」と言うと、いかにもまだ必要なものだと思いますが、実際は、なくてもちっとも困らないものだと断言できます。

じっくり見回すと、家の中を埋めつくしているものの大半は、なくても差し支えないものではないでしょうか。シニアのひとり暮らしなのに、鍋《なべ》が五個も六個もあったり、食器棚が二つもあり、中にはぎっしりと食器が積み重ねられているなど、なぜ普段使いもしない、そんなものに家を占拠《せんきょ》されたままにしておくのでしょう。

理由は一つ。一度手に入れたものは持っていたいという所有欲のためです。

「老いの一人暮しでは、不自由ない程度にしか持たぬのが、気持がかろやかで毎日の家事が楽です」

これは幸田《こうだ》文《あや》さんの随筆《ずいひつ》にある言葉です（『季節のかたみ』講談社文庫）。

子どもが独立して二人に戻ったシニア夫婦の場合も同じです。要らないものを処分すると、家が広々と使えるだけでなく、毎日の家事の負担も減り、ゆとりが出て気持ちまで軽《かろ》やかに楽になるはずです。

四畳半の茶室の広さ――「無に近い空間」が広がりを感じさせる

老後のために建てた家に茶室《ちゃしつ》をつくった記念に、ささやかな茶会を催《もよお》すので、ぜひ……と招かれたことがあります。

茶室をつくるほどの贅沢《ぜいたく》が許される身分だったのかと、ちょっと驚いたものですが、実際はそうではなかった。これについては後に述べます。

「いやあ、知ってのとおり、茶の心得《こころえ》などないので茶会はちょっと……」と断りかけたところ、「千利休《せんのりきゅう》が、茶の湯《ゆ》とはただ湯をわかし、茶を点《た》てて飲むばかりなることと知るべし、と言っているのを知ってるだろう？　ただ、お茶を飲む。それでいいんだよ」と途中でさえぎられてしまいました。

そこまで言われては断ることもできずに、半分、および腰で出かけてみると、言葉どおり、少しも肩が張るような茶会ではなく、出された懐石《かいせき》料理も奥さんの手づくり。簡素だけれど、心配りが行き届いた美味しい料理でした。

もっと感嘆《かんたん》したのが、茶室のゆたかな広がりです。この茶室はほとんど知人が自分でつくったそうで、庭先に建てた小屋のようなものでした。茶席のしきたりに従って、広さは四畳半《じょうはん》。そこに亭主《ていしゅ》（もてなし側）と客が三人。合わせて四人で二時間ほどの時を過ごしたのですが、ちっとも狭さを感じない。それどころか、茶室に招き入れられた瞬間には、大らかな広がりさえ感じたのです。

それは、茶室は、茶を愉《たの》しむために必要なもの以外はいっさい置かれていないさぎよい空間だからではないでしょうか。

「無に近い空間」が広がりを感じさせるのです。

素人の〝手づくり茶室〟なので床《とこ》の間はなく、部屋の隅《すみ》に板が置かれているだけ。置き床《おどこ》と言うのだそうです。その床に知人の手になる書が掛けられ、庭先には咲いたばかりの素朴な草花が一輪《りん》、挿《さ》してありました。

これくらいなら、ちょっとした庭先があれば、会社を定年退職したサラリーマンでも茶室ができるんだなと納得したしだいです。

余計なものをどんどん削《そ》ぎ取っていくと、爽快《そうかい》と言えるような心地よさを感じます。隅から隅まで、立派な家具や調度《ちょうど》品で埋めつくされた広い部屋よりも、簡素そのもので、茶を点てる炉《ろ》だけが切られた空間のほうが広がりがあり、心をゆたかに満たすのかもしれません。

私たちは普段、何かとんでもない思い違いをしているのではないでしょうか。

「住まい方」を変えれば、生き方も変えられる――現在形の生活に

欧米では、親しくなりたい人は自宅に招くという習慣があります。アメリカ留学時代は、私もよく教授や同僚の家に招かれました。招かれれば、リターン（招き返す）がマナー。私もわが家に人を招いたことがあります。

ホームパーティと言われるほど豪華なもてなしをするわけではなく、ワインや

ビールなどのドリンク類のほかは、簡単な取り分け料理が置いてあるくらい。それでも、もろもろの準備を考えると、ご馳走《ちそう》することが目的ならばちょっとしたレストランを予約したほうが、ずっとラクそうです。

それでも、お互いの家に「招いたり招かれたり」が盛んなのは、住まいはその人の価値観を端的《たんてき》に物語るものだからではないかと思います。

カーテンの色や柄《がら》、置かれた家具は、その人の趣味や嗜好《しこう》を示していますし、書棚に並ぶ本を見れば、その人が日ごろどんなことを考えているのか、およその傾向がうかがわれます。

家の中を詮索《せんさく》するというのではなく、訪問すれば自然に感じ取ることができるその人の人となりなどを感じ、さらにつきあいを深めていく。自宅に招いたり、招かれたりの習慣を大切にしている欧米のつきあい方は、人間関係の深め方を教えてくれているようにも思えます。

八十歳近いひとり老後を過ごす遠縁《とおえん》の女性がいます。ある時、近くまで行ったついでに数年ぶりに立ち寄ってみると、家の中が妙にすっきりしています。心温かないい人ですが片づけが苦手で、家の中はいつも、まるで昨日引っ越してきたばかりという状態だったもの。

「あれ、なんだかえらく片づいているね。どうしたの？」

と聞くと、最近は以前のようなフットワークがなくなり、出かけるのが億劫《おっくう》になったので、近所のおばあさん仲間と時々、お茶を飲みながらおしゃべりするのが楽しみになってきたのだと言います。

こういうおつきあいは、お互いに行ったり来たりが原則です。こちらから出かけるばかり、うちに来てもらうのはちょっと……というのは通用しません。

そこで「これから、ちょっとお邪魔《じゃま》していい？」と電話があったら、いつでも「ええ、どうぞ、どうぞ」と言える家にしておかなければと、一大決心して大片づけを実行したのだそうです。

「片づけるというより、半分以上は捨てたわけだけど……」と言いながら、それまで家の中を埋めていたものを処分したら、何だか気持ちがしゃっきりしてきたと笑います。

それまで彼女の家を埋めていたのは、もう使うことがないものや、亡くなったご主人のものなど。懐《なつ》かしい思い出の品かもしれませんが、今後は、出番がない

「過去形」のもの。その過去形のものを整理した結果、過去を断ち切り、生活も「現在形」になったようです。自然に、目が前に向くように変わったとも言えるのではないでしょうか。

彼女は、今のすっきり片づいた家の中で、ひとり老後を生き生きと、前向きに楽しんでいるようでした。

その人の生き方は「住まい」に表れます。逆も可なり。住まい方を変えれば、きっと生き方も変わるはずです。

小さく住み替える――「役割を終えた」大きな家を持て余す前に

知人から転居通知が届きました。住所を見ると、以前の住まいに近いらしい。だけど、越した先はマンションのようでした。その後、会った時に転居のことを聞いてみました。

「子どもたちも独立したから、前の住まいでは部屋が余ってしまうんですよ」

普通は、それでもそのまま住み続ける人が多いのでしょうが、彼は一戸建ての家を売って、手ごろなマンションに移るという選択をしたそうです。

「夫婦とも出歩くのが好きなので、うちの場合は、鍵《かぎ》一本かければいつでも出かけられるマンションのほうがいいと思ったんですね。一戸建て住まいのころは、小さな庭があったんですが、草取り、庭木の手入れとそれなりに手間がかかったもの。夏のヤブ蚊《か》に刺されながらの草取りから解放されただけでも、マンション住まいは快適ですね」と、本当にさっぱりとした表情で語ります。

二階に洗濯物を干《ほ》すベランダがあるなど、一戸建てでは毎日、階段の上り下りを頻繁《ひんぱん》に繰り返していたそうですが、それがなくなったのも、生活がラクになった一つだとか。

経済的にも、光熱費がかなり少なくなったなど、年金で暮らす日も近いことを考えると、「住まいを小さくしたこと」は大成功だったと満足げです。

女優の高峰秀子《たかみねひでこ》さんは、五十五歳で引退すると、住んでいた大きな家をあっさり壊し、それまでの半分ぐらいの家に建て替えてしまいました。女優時代は来客も多かったので、それに伴う必要なものも多かったのだそうですが、引退してしまえば、ご夫君《ふくん》の脚本家の松山善三《ぜんぞう》さんとの二人の暮らし。二人が心地よく過ごせればそれでいい、と考えたのだそうです。

参考にしたい、見事な割り切り方です。

入れ物（家）が小さくなれば、それまで使っていた家具などの総点検もするようになります。当時は気に入って買った家具でも、あまり活躍しておらず、単に場所ふさぎになっているなら、この機会に仕分けの大ナタをふるい、思い切って処分してしまいましょう。

不要な家具を処分できるだけでも、引っ越しの効用は大きいかもしれません。

「どうせ、あの世には持っていけない」——身辺整理の上手なコツ

どんなに偉い人でも、リッチな家の子でも、生まれてくる時はみんな真っ裸《ぱだか》。手には何も持っていません。

その後、一生懸命に働いて、いろいろなものを手にしたとしても、あの世に旅立つ時に持っていけるものは、何にもなし。お棺《かん》の中に入れられるものだって、驚くほど少ないのです。

親族などを見送った人ならご存じでしょうが、棺《ひつぎ》に入れられるものは、家族の写真と手紙ぐらい。生前は、近眼でメガネを欠かせなかったという人でも、メガネはあの世には持っていけません。火葬場によって見解の違いはありますが、金属部分があると完全には燃えないからだということです。

手に一物《いちぶつ》も持たず、裸で生まれ、あの世に行く時も裸で、何も持っていけない。これが人の一生です。そう考えると、ものにこだわり続けることがちょっと空《むな》しく、滑稽《こっけい》にさえ思えてきませんか。

もちろん、若い時から、あの世に旅立つ日のことを考えながら生きていく必要はありません。でも、人生も中盤を過ぎたら、時々、そうしたことも考えてみるとよいでしょう。

私も最近は、年末など年に一、二度は身辺《しんぺん》を大片づけするようにしています。研究室の中がカオスであることは仕方ないとしても、せめて自宅の書斎ぐらいはもう少しすっきりしておきたい、と考えるようになってきたのです。

自分の部屋の片づけだけは、誰かに任せるわけにはいきません。捨てていいもの、取っておくべきものの仕分けは他人にはできませんし、しまう場合も、自分でしまわないと、後でかえって厄介《やっかい》なのです。

そこで、年末の休日を一日割《さ》いて自室を片づけるわけですが、この時、自分に言い聞かせるのは、「どうせ、あの世には持っていけない」という殺し文句です。この言葉を自分にささやきかけると、取捨選択の判断が難しく、かなり迷っていたものでも、あんがいあっさりと手放せるようです。

知人のお母様は、それまで贈答《ぞうとう》品のお菓子《かし》の箱までとっておくという、団塊の世代によくある、もの持ちのいい女性だったそうです。

ある時、親しい友だちが介護付きの有料老人ホームに入居したので、見学を兼ねて遊びに行ったところ、いちばん大きな個室という部屋で、洗面台、トイレなどを除くと、居住スペースは八畳分ぐらい。ベッドを置くと小さめの整理ダンスと机・椅子を置いたらもう終わり、というくらいの広さしかなかったのです。

別の部屋を見せてもらったところ、同じようなスペースでも、こざっぱりと整理して悠々《ゆうゆう》と暮らしている人もいれば、天井に届かんばかりにものを積み上げ、物置で暮らしていると言いたくなるような人もいらしたそうです。

どちらが暮らしよさそうか、一目瞭然《りょうぜん》ですよね。

それ以来、このお母様は、ものを溜め込むことをすっぱりやめ、身のまわりを積極的に整理するようになったそうです。

あまりにポンポン捨てるようになったので、家族が「本当に捨てちゃうの？」と驚いて心配するというから、変われば変わるものです。

「老人ホームに入る時のための練習よ」と言いながら整理を進めているそうですから、友だちの暮らしぶりを見て、ものに対する今までの価値観がひっくり返るような部分があったのでしょう。

実際に老人ホームに行くかは別問題として、必要以上にものを持つことへのこだわりをなくし、身辺を整理する気持ちになったことは、高齢期を迎えての、一つの進歩なのではないかと思います。

「今日、使ったものは何と何？」——一度、リストアップしてみる

人間にとって、ものがたくさんある暮らしが「ゆたかな暮らし」と言えるのかどうかは、なかなか難しい問題です。私たちが普通に暮らしていく場合、どうし

ても必要なものというのは、そう多くはありません。どうも、現代の日本人の暮らしは、不要不急なものが多すぎるのではないでしょうか。

試しに、今日、使ったものは何と何と何か、リストアップしてみましょう。食事に使った茶碗《ちゃわん》、味噌汁のお椀《わん》、おかずの皿、小鉢《こばち》、箸《はし》など。昼に弁当箱を使ったという人もいるかもしれません。それに、歯ブラシやタオル。洋服や靴《くつ》。仕事で使う筆記用具にノート、携帯電話、財布に車……。

こうして書き出すまでもなく、一年を通しても、家の中にあるものすべては使わないはず。いえ、半分も使えばいいほうかもしれません。

はっきりそう言えるのは、思い立って押入れやクローゼットの中身を全部引っ張り出すと、ここ二、三年使ったことがない、それどころか、持っていることさえ自分で忘れていたものが、続々と出てくるからです。

歳をとると、どこに何をしまっておいたのか、記憶はだんだん不確かになってきます。そうした変化も含めて、しまったまま忘れてしまうデッドストックが、年を追うごとに増えて溜まってきてしまうのです。

ある年代からは、出番があるとはっきり言えるもの以外は、もう必要がないものと見なして、時々、ばっさり処分するくらいでちょうどよいのではないでしょうか。

同じようなものが二つも三つもあるのも、歳をとって忘れがちになると混乱のもと。いちばんお気に入りのものだけを残して、ほかのものとはきっぱり訣別《けつべつ》してしまいましょう。

めったに使わないものでも、手元に残せば、スペースだけでなく、それなりに手入れや片づけなどの管理が必要です。その手間や時間を、もっと有意義に使う前向きの暮らしに転換するのです。

人生後半の限られた時間、限られた体力・気力を、家の中のデッドストックのために使うのは、もったいないと思いませんか。

「入るものを断つ」訓練を――欲望は瞬間的で大した根拠がない

近年、「断《だん》・捨《しゃ》・離《り》」が大きな話題になっています。私は、この考え方は一過性の流行ではなく、人々の、特に、老いに向かうころから、身につけるべき考え方として定着していくのではないかと思っています。

バブル経済の後遺症と言われますが、これまで「ゆたかさとは、ものを多く所有することだ」という考え方にどっぷり浸《つ》かってきたために、あまりに多くのものを所有し、ものに埋没《まいぼつ》するような暮らしを続けてきました。

その愚かさにようやく気がつき、行き着いたのが「断・捨・離」という考え方だったのでしょう。

「断・捨・離」は、もともとは古代インドの時代から行なわれてきた修行です。ヒンズーや古代仏教では、断行、捨行、離行の三つの行《ぎょう》をし、人間の業《ごう》といえる所有欲をコントロールする鍛錬《たんれん》を積んできたのです。

「断行」は、入ってくる要らないものを断《た》つ修行。「捨行」は、ずっと手元にある要らないものを捨てる修行。そして「離行」は、ものへの執着《しゅうちゃく》から離れる修行だそうです。

三つの中で「断行」がトップに挙げられているのは、これができれば、手元のものが増えることはなくなり、また「捨行」「離行」の必要性を小さくできるからです。同時に、入ってくるものを断つのがいちばん難しいという意味でもあるのでしょう。

「入ってくる要らないもの」と一口《ひとくち》に言っても、手に入れる時はどれもこれも、自分が必要だと確信して買ったり、取り入れたりしているものです。それなのに少し時間がたってから見ると、なんでこれが必要と思ったのだろうと、自分でも首を傾《かし》げることが少なくないのです。

人間の欲望とは、いかに瞬間的な一過《いっか》性のものであり、大した根拠があるわけでもないということがわかります。

所有欲は「もの狂《くる》おしき思い」です。いったん、欲しいと思い出すと、冷静な判断力は失われてしまうのです。

小さなイベント会社を経営する女性がいます。仕事は無駄なく効率よく、テキパキと進める人なのですが、はた目にはわからないストレスを抱えているのでしょうか。時おり、信じられないような〝衝動買《しょうどうが》い〟をしてしまうことがあるようでした。

ところが最近は、以前のような衝動買いが減ってきていると言います。まだまだイベント業界も不景気で経営が厳しいことや、彼女自身が年齢を重ねてきたこともあるようですが、衝動買いが減った最大の理由は、買い物に関してルールを定めたからだと胸を張ります。

ルールといってもたった一つ。初めて出合った日には絶対に買わない。単純にこれだけです。

「いいなあ、欲しいなあ」と思うものに出合っても、その日は買わずに家に帰るのです。一晩《ひとばん》たって、まだ欲しいと思う気持ちが強い場合は買いに行く。再訪して売れてしまっていたら、「縁《えん》がなかったんだわ」とあきらめるそうです。

翌日になると、わざわざ二回出かけるのも面倒という気持ちも働くのか、半分くらいは「また、きっと別の出合いがあるだろう」という感じになるとか。

高まる感情のコントロールと、買い物癖のコントロール。一晩置くというこのルールは、一石二鳥の効果があると言えそうですね。

長年の思い出や記念の品――「線引き」して整理する時がくる

家のリビングルームの飾《かざ》り棚の上に、ちょっと目をやってください。あちこち旅行した時に、記念になるからと買った品々が、あれこれ飾ってありませんか。北海道土産《みやげ》のラベンダー人形に、沖縄の貝細工《かいざいく》、京都で買った小さな扇子《せんす》など。さらに別枠で、海外旅行の記念品コーナーがある場合も……。

どれもこれも「楽しい思い出の品」という気持ちはよくわかります。なかには子どもたちが独立し家庭を持って、それぞれ家族旅行したお土産に届けてくれたものだから……と、大事に飾ってある場合もあるでしょう。

しかし、一品一品見れば楽しくかわいい小物なのに、たくさん並べるとゴチャゴチャとした印象のほうが、先に立ってしまいます。そのうえ、どれがどれだかわからず、リビング全体の印象までなんとなくすっきりしません。

旅好きを自認する知人のリビングも、こんな状態に飾り立ててありました。学生時代からちょっと時間があると旅に出かけ、今も仕事の関係などで貯めたマイレージを活用して年に一、二回、世界の秘境《ひきょう》を旅しています。

彼の家のリビングのサイドボードの上も、まさしく、この秘境旅行の記念品でいっぱいだったのです。

ところがある日、彼の家に立ち寄ったところ、このコーナーがすっきりと片づけられているではありませんか。

例のサイドボードの上には、大人のこぶしほどの大きさの石が一つと、どこかの遺跡の前で撮った写真が置いてあるだけ。

「えらくさっぱりしたなあ」と言うと、彼は「そうなんだ。あまりに溜まりすぎて、自分でも何がどこのものか、だんだん、わからなくなりそうになっていたんでね」と苦笑します。

今、置いてある石は最近の旅の記念品で、グアテマラに出かけた時、ホテルの前で記念に拾った石だとか。本音では、グアテマラ旅行の本命はマヤ文明の遺産・ティカル遺跡を訪れること。遺跡のある公園の石を記念に持ち帰りたいところだったのですが、もちろん、それは重大なマナー違反です。そこで、ホテル前の石になったそうです。

「そこに置くのは、いちばん最近の旅の記念品だけにすることに決めたんだ」と彼。ほかのものは、厳選したものだけを別の場所に保管。あとはデジカメで撮影して、小さなメモリーカードの中に保存し、現物は処分したそうです。

ところが実に不思議なことに、記念品を整理してからのほうが、これまで旅をしてきた世界各地のことを、よく頭に思い浮かべるようになったと笑います。

前出の高峰秀子さんは小さな家に住み替える時、ご夫婦合わせて一〇〇本以上あったトロフィーをきれいさっぱり捨てたそうです。

思い出や記念のものは、つい手元に残しておきたくなるものですが、人生経験を重ねれば重ねるほど、増えていく一方だという側面も忘れてはいけません。

自分の身辺をすっきり整理して暮らしたいならば、思い出や記念の品もどこかで〝線引き〟して整理しようと、ある時、決心することも必要でしょう。

「上質のものを数少なく」——一流の品に触れて生活様式が変わる

知人が定年の少し前に勤務医をやめることになった時、長い間よく働いてきた自分へのごほうびに、漆《うるし》塗りの椀《わん》を大中小と中皿などを買ったそうです。

イメージは、禅僧が食事に使う応量器《おうりようき》です。応量器は椀三個と木べら、さじ、箸の三点揃《ぞろ》い。三個の椀は重ね入《い》れると、いちばん大きな椀に入れ子《こ》状にすっぽり収まるようになっています。これを重ねた上に箸などの三点セットをふきんで包んで載《の》せ、さらに大きな布でくるんで持ち歩きます。

応量器とは、一品一品の食事の量に応じて使い分けることからの呼称だそうです。大中小の椀を使い分け、禅僧は生涯、この器だけで食事をするのです。修行の旅の途中の托鉢《たくはつ》でも、手にするのはこの椀です。

知人は以前、ふと思い立って禅寺に参籠《さんろう》したことがあります。その時以来、必要十分を満たすという、この応量器に込められた禅の精神にすっかり魅了《みりょう》されたと言います。

「長年、働いた自分へのごほうびがこれだけ？」と言いそうになった気配を感じたのか、「ただし、象彦《ぞうひこ》だよ」と。象彦は寛文《かんぶん》元年（一六六二）創業という京漆器《きょうしっき》の老舗《しにせ》。三百年の歴史と伝統を誇るだけに、その漆器は濡《ぬ》れたような深さを持ち、凛《りん》としたたたずまいが感じられます。

勤務医を退いた後、知人は在宅診療の道を選び、今も多忙な日々ですが、一日に一度はこの器で旬《しゅん》の野菜などを使った食事をゆっくり食べるようにしているそうです。

「シンプルな料理ばかりだけれど、この器で味わって食べると、ゆたかな気持ちになれるんだよ」

この上質な器を手にしてからというもの、それまで身近にあった、適当に買ったものに微妙な違和感を持つようになったそうです。引っ越ししたこともあり、違和感を覚える器は欲しいという人にあげたり、もう処分したり。今は、ほんの数品ぐらいしか残っていないとか。

「いっぺんには無理だけれど、これから先は本当に上質なものだけを必要なだけ買い揃えていく、そんな暮らしをめざすつもり」

彼のように、できるだけ上質なものを数少なく、を徹底した老後の暮らしというのも、ゆたかで贅沢なものだと思いますね。

「体はたった一つなのに」——過ぎたる衣装は及ばざるがごとし

日本人は世界でも、もっとも衣装《いしょう》持ちの国民ではないかと思ってしまいます。私のように、決して着るものに関心が高いとは言えない男でも、クローゼットを開けるとかなりの数の洋服が下がっています。特に多いのはネクタイ。

女性は、ちょっと気が張る外出があると「何を着ていこうかしら？　着ていくものがないわ」とよく言うみたいです。たとえ、クローゼットが服でいっぱいになっていても。

日本には四季《しき》があり、最近は少なくなってきたとはいえ、着物と洋服の両方を楽しむ文化なので、どうしても衣服の数は多くなります。けれども、体はたった一つ。季節の変化を考慮に入れたところで、それほどたくさんの衣服が必要なわけではないことも明らかでしょう。

それにしても、クローゼットに収まりきらないほどの衣服を持ちながら、「着ていくものがない」という言葉が口癖になっているのは、おかしな話です。手持ちの衣服をきちんと把握できていない証拠、と言われても反論できません。

「過《す》ぎたるは及《およ》ばざるがごとし」です。手持ちの服は、どんなものがあるかが頭の中に入り、それらを適宜《てきぎ》組み合わせて着こなせる範囲に収めて、それ以上は要整理と考えましょう。

定年を迎えたりすると生活も大きく変わります。スーツを着て出かける機会は激減し、代わって、カジュアルで着やすい衣服を着て出かける機会が増えるのが普通です。

フランスやイギリスで長く暮らし、もともと裕福な環境で生まれ育っていることもあり、いつも贅沢なおしゃれを楽しんでいた女性がいます。

ところが、六十五歳を迎えた時、「もう、こんなにたくさんの洋服は要らない」と大決心をすると、三シーズン着られるシンプルな黒のワンピースと、夏物、冬物のややドレッシーなパンツスーツ、ほかに替えのパンツとスカート、軽いジャケットを二、三枚ずつ、冬用のコートと薄手のコート。大物の衣服はこれだけに絞《しぼ》り、残りはきれいさっぱり、欲しいという人にあげてしまいました。

そのかわり、手元に残した衣服は名の知れたデザイナーの作品で、さすがに、どんなに気の張る場所に着ていっても格《かく》負けすることがありません。そして、スカーフやストール、アクセサリーなどで細かい変化をつけているそうです。

そして、普段着は若い女性向けの格安店のカジュアルウェア。気軽な服はシーズンごとに買い替えて、時々の流行も楽しんでいるようです。

上等の服を数少なく、というライフスタイルにチェンジしたところ、洋服の手入れにかける手間も時間もコストも少なくて済むとか。

年齢を重ねていくと、いつまでも、今までと同じようにはできないことが増えてきます。物事が負担になる年代が近づいてきたら、思い切ってクローゼットの大整理を実行し、手持ちの服を絞り込むことをおすすめします。

若いころとは、趣味も似合うものも違ってくることが多々あります。同時に、アクセサリーや小物の整理もしましょう。

もう使わないものは、似合いそうな人にあげたり、リサイクル店に出すのも一つの知恵です。デッドストックという言葉があるように、使われることもないのに、自分のクローゼットの引き出しの中に眠らせておくのは、そのものの命を封印しているのと同じ。

ほかの人に使ってもらって活躍させれば、デッドストックの状態から蘇《よみがえ》り、再び、そのもの本来の価値を発揮できるようになると考えましょう。

手持ちの洋服を長く着る――「時代遅れ」にならない秘訣とは？

長く仕事の第一線で活躍していたある女性は、今は家庭の事情で仕事を退き、かなり高齢のお母さんや、離婚して仕事復帰した娘さんの子ども（孫）の世話にも追われ、忙しい毎日を過ごしています。

年金をベースに、質素でつつましやかな暮らしを送っているのですが、それにしては、いつもセンスのよいファッションで決めています。

「実はこれ、みんな仕事をしていたころの服なんですよ」と、彼女は笑って言います。だとすると、十数年前の服だということでしょうか。

「仕事をしていたころは、時々ですけれど、大好きなデザイナーの服を買っていたんですよ。やっぱり、一流デザイナーの服って違いますね。その人なりの世界観がちゃんとあるから、いつまでたっても飽きないし、古びないんです」

そのかわり、苦労もあるようです。昔の服をきれいに着こなすために、体型の維持と背筋《せすじ》の伸びた姿勢には、すごく気をつけているというのです。毎日体重を量って、絶対に増やさない。さっそうと歩けるように、毎日、ウォーキングとスクワットもこなしていると言うのですから、頭が下がります。

彼女が着こなす十年以上前の服は、ちっとも時代遅れの感がありません。デザイナーの力もあるのでしょうが、同時に、彼女の若々しい体型や姿勢、何よりフアッションを楽しもうとする気合が、若い時分の彼女のままだからでしょう。

買う時はかなり高くても、ここまで愛用すれば、かえってトクになるものなのですね。教えられることが多い、服との〝息の長い〟つきあい方の一例です。

「上手な捨て方」を覚えると、買い方も賢くなる――判断力を磨く

知り合いの編集者が、「自分が手がけた最新刊です」と、若手の著者による自己啓発《けいはつ》本を送ってくれたことがあります。自己啓発本とは、自分の精神性を高めて仕事や人生の成功をめざす考え方や、具体的なノウハウを書いた本を言います。

パラパラと見ていたら「毎週、一〇個ずつものを捨てる」という項目があるのにちょっとびっくり。要らないもの、もう使うことがないものをいつまでも自分の身辺に置いておくと、要るもの、要らないものを瞬時に分ける判断力が鈍《にぶ》ってきてしまうと書いてあります。

逆に言えば、毎週、要らないものを一〇個捨てると決めてしまうと、必然的に

要らないものを選び出して処分するようになり、身辺がすっきり。同時に、何が不要で、何が必要かを手早く判断する習慣が身につき、ひいては、すべての物事に対して、どうするのがいちばんいいのか、的確に判断する力が磨《みが》かれていくのだそうです。

ちなみに、この著者夫婦が日曜日に捨てるものとは、片方だけのイヤリング、フチが一ヵ所欠けてしまったマグカップ、もう十分着たTシャツ、去年の雑誌の付録についていたバッグ、誕生日記念の食事で飲んだワインのコルク栓……などです。

それまでは、片方のイヤリングはペンダントに使えるかもしれない、去年のバッグは近くまで買い物に行く時ならば使えるかもしれないと、つい手元に置いておいたものだそうです。

毎週一〇個と決めて、身近のムダなもの、不要なものをゲーム感覚で探し出して、どんどん処分していくことは、思考の整理力アップにもつながるというわけですね。

私も今では、Tシャツなどは引き出しに無理なく収まる数だけ、と決めています。つまり、「新しいものを買ったら一枚捨てる」が今のルール。

このように、一枚買ったら一枚捨てるルールにしてからというもの、Tシャツ一枚買う場合でも、かなり慎重になったのには驚いています。

それまでは、シーズンごとに無造作《むぞうさ》に買っていたのですが、最近は「似た色のものがあるしなあ」とか「あまり材質がよくないから、買ってもすぐに着れなくなってしまうかも」などと、知らず知らずによく吟味《ぎんみ》して、買い物のブレーキをかけられるようになりました。

上手な捨て方を覚えると、買い方まで賢明《けんめい》になってくる。捨て方と買い方は、どこかで関連しているものなのです。

デジタル技術──「便利だ」と実感できれば苦手意識は吹き飛ぶ

研究者という仕事は、いわば「紙との闘《たたか》い」です。毎日、山のような報告書が届きます。忙しいからといって、二、三日も片づけないでいると、デスクの上はたちまち書類の洪水《こうずい》になってしまいます。

デスクまわりの書類は「たぶん必要だから」と捨てずに取っておいたものの、その後は、まったく出番がないものがたくさんあります。

時々整理するのですが、すぐに元の木阿弥《もくあみ》になってしまう。その結果、必要な時に必要なものが出てこず、忙しいのに探し物の時間ばかりが増えて、イライラしてしまう……。

こんな堂々《どうどう》巡りには、どこかで終止符を打たなければいけません。

知人は、書類や資料などはデジカメで撮影し、ＳＤメモリーカードに収めてしまうようにしています。必要な時には、パソコンやテレビの画面で拡大して見ることもできれば、もちろん、プリントアウトもできます。デジタルスキルを駆使しての整理は、現代ならではの知恵と言えるでしょう。

写真もとっくにデジカメの時代。撮影が済んだものは、メモリーカードなどに保存し、必要なものだけをプリントしたり、パソコン画面で見るようにすれば、保管場所に頭を悩ませることはなくなります。

この知人は、会合の案内状などもケータイカメラで撮影してしまうそうです。これなら場所や時間を、どこでも手軽に確認できます。

最近は、自治体などでも「シニアのためのパソコン教室」を盛んに開いていま す。年配の方で「デジタル技術は苦手」と言う人は、食わず嫌いな場合が多いもの。用途を絞って、初歩的な使い方を覚えてしまえば、写真などをデジタルデータにして保存することは、すぐにできるようになるはずです。

これは便利だと実感できれば、苦手意識なんて吹っ飛んでしまいますよ。

「いただきます」は「命をいただく」――最大限生かす食べ方を

食べることは生きていくための基本です。

人を含めて、動物は他の生命体を食べて生きています。命《いのち》のもととなる食べ物のほとんどは、それ自体が命を持っているものです。魚や肉は言うまでもなく、ゴマ粒《つぶ》やアワの粒、コンブやワカメやキノコも皆生きているもの。動物は命あるものから、命をいただいて生きています。

ただ、植物は違うのですね。空気や太陽光線、水などから命を芽生《めば》えさせ、ぐんぐん成長していく植物からは、命の奇跡を見せてくれているように感じることがあります。アメリカの大規模山林火災のフィルムを見たことがありますが、炎にあぶられた松はバラバラと松ぼっくりを落とします。鎮火《ちんか》の後、余熱で松ぼっくりの笠《かさ》が開き、大地に種がこぼれ落ちる……。やがてそこから新しい命、松の種が芽生え、小さな芽は地中から養分を吸い上げ、一雨ごとにぐんぐんと伸びていくのです。

このたくましい植物の生命力によって、地球の命は生き延《の》びることができたのです。植物は、地球の生命の連環《れんかん》が今日まで続いてきた大元の力なのです。

動物は植物がなければ誕生せず、生き延びることもできなかったでしょう。肉食動物だっているじゃないかと言われそうですが、これは大元の食物連環の結果です。

こうした命をいただくのですから、食べる前には「いただきます」と言って合掌《がっしょう》する。食べ終わったら「ごちそうさま」と言って、再度手を合わせる……。これは、絶対に絶《た》やしたくない日本の美しい習慣、文化です。

外国では「今日の糧《かて》を与えてくださったことに感謝します」と神に祈ることはあっても、目の前にある食べ物の、命をいただくことを感謝する習慣はないようです。

子どもや孫の世代にも「いただきます」の意味をちゃんと伝え、食事の前に合掌する習慣を伝えていくことは、シニア世代の使命の一つだと思うのです。

また、貴重な命をいただくのですから、それを最大限生かす食べ方をするのが命に対する敬意を表することになると思います。料理を食べ残して、ゴミとして捨てるのはできるだけ避けたいことです。

また、年齢とともに基礎代謝《たいしゃ》は徐々に下がっていきますから、若い時と同じように食べていれば、結果はメタボ。健康にもマイナスです。

唐の時代の禅僧《ぜんそう》・大珠慧海《だいじゅえかい》に弟子が、「師よ、道を修行されるにあたり、どんな方法を用いられましたか?」と尋《たず》ねると、大珠禅師の答えは「飢《う》え来《きた》れば飯を喫《きっ》し、困《つか》れ来れば、即、眠る」。

腹が減ったら飯を食い、疲れて眠くなれば眠る。自然に、あるがままに生きることが禅の日々だと答えたと伝えられます。

修行の足りない凡人《ぼんじん》には、なかなかそうはできません。お腹が減ってないのにむやみに間食し、なんとなくゴロゴロしている。お腹とよく相談して、空腹感を感じた時に、空腹が満たされたと感じる量だけ、つまり、必要な時に必要なだけ食べる、そんな節度《せつど》ある食べ方を身につけるべきです。

レストランなどで食事をする場合にも、一人前では持て余しそうなら、「ご飯は少なめにしてください」と一言添えれば、きちんと対応してもらえます。

夫も妻も家事をする――老後こそ「生活能力の自立」が最重要に

寿命が延びるにしたがって、夫婦で生きる日々も長くなります。そのためか、最近は、定年を迎えたら夫婦の関係がギクシャクして、精神的に追い込まれてしまった……。そんな相談を受けることも少なくありません。

女性の味方をするわけではありませんが、話を聞いていると、どうも、女性の言い分のほうに軍配《ぐんばい》を上げたくなるケースが多いのですね。

もめる最大の理由は、仕事をやめた夫が家事をしないことのようです。

夫婦の暮らしは夫婦で支えていく。これが当たり前の姿です。共働きの場合は別として、現在のシニア世代では、一般的に夫は外で働き、妻は家庭にいて家事全般を担当するという役割分担になっていたかもしれません。

　でも定年になり、夫も家で一日中過ごすようになったのなら、家事は夫婦二人で分担し合うのが当たり前。だんだん、世の中全体も、そうした考え方が主流になってきています。

　自立と自律《じりつ》、二つの〝ジリツ〟は人間の生き方の基本です。特に、体力や気力が衰える老後は、この二つが夫婦それぞれに備わっていなければ、互いの関係がギクシャクするのも当然でしょう。そしていつ何時、夫婦の片方が倒れてしまうといった緊急の事態があるかわからないのです。

　自立と聞くと、経済的に自分の力で生活することをイメージする人が多いようですが、生活能力の自立、すなわち、家事全般をこなす能力を身につけるのも、大事な自立です。

　要は、経済的にも生活能力的にも、ひとりで自分の暮らしを支えられること。これが自立した一人前の人間としての最低条件なのです。

　もう一つの自律は、怒りやイライラなどの感情をコントロールする能力です。ちょっとしたことで怒ったり、イライラを抑えられない。すぐに落ち込んだり、逆にハイになったり……。

こうした傾向がある人は、自律できているとは言えません。感情の起伏《きふく》は誰にでもありますが、それを自分でコントロールできないようでは、「いい歳をして」と言われても反論できません。

家事は、実はたいへん面白く、快感さえ味わえるものなのです。散らかっていた部屋が、すっきり片づく快感を経験済みの人も多いでしょう。掃除機をかけるのもあんがい楽しいもの。フローリングの床や畳の表情がすっきりしてくるのがわかり、気持ちいいものです。きれい好きの人が世の中にたくさんいるのも、ちゃんと理由があります。

洗濯は、ほとんどのものは洗濯機に入れれば、今や自動的に洗い上がります。柔軟仕上げや、漂白剤《ひょうはく》などの〝上級テク〟は、だんだんマスターしていけばいいだけの話。洗濯ビギナーのうちは、「これは洗濯機に入れても大丈夫だろうか」と不安になったら、クリーニング用のネットに入れて洗えば、まず失敗することはないでしょう。

極めつきは料理。料理は、けっこう個性を発揮するクリエイティブな作業で、最近、料理にはまる男性が増えているのもわかります。自分のつくったものを家族やお客さんが、「美味しい、美味しい」と言って食べてくれる顔を見るのは、本当に嬉しいものです。

最近は、あちこちで、熟年男性のための料理教室が開かれていますから、まずそうしたところで手ほどきを受け、料理に入門することをおすすめします。

なかには、ご主人が料理をすることを歓迎しない奥さんもいるようですが、理由を聞くと、台所を汚《よご》しほうだい汚して、自分で後片づけをしないということに尽きるようです。

カウンター前で調理をするオープンキッチンタイプの料理店で、料理人の動きを見ていると、調理を進めながら、スキマ時間に不要になったものを同時進行で手早く片づけているのがわかります。そんな手際のよさも、だんだん身につけていきたいものですね。

何より、自分で家事をして大変な思いをすると、それまで長い間、毎日家事をしてきてくれた妻への感謝が、自然と湧いてくるでしょう。

そう思ったら、素直に「ありがとう」と口に出してみてください。この一言があるだけで、夫婦のギクシャクの半分は解決できると思います。

奥さんにも一言。ご主人に家事を担《にな》ってもらいたいなら、一にも二にもホメまくることです。「まあ、おかげできれいになったわ。ありがとう」とか、「ああ、美味しい。上げ膳《ぜん》据え膳で、私、本当に幸せだわ」くらいのことを、多少オーバーでもどんどん言ってみてください。

男なんて実は単純な生き物。こんな言葉に軽く乗せられて、張り切って家事に精《せい》を出すものです。

第3章

「無駄なエネルギー」を使わない選択

——誰かに与えられて「今日」を生きている

「ゴミを減らす知恵」を次世代に継ぐ——日本人の家が断然多い？

出勤途中の道などで家々から出されたゴミを見かけると、なんと大量のものが毎日捨てられているのだろうと悲しく思います。このゴミの処理のために年間、一人あたり約一万四〇〇〇円もの税金が使われているそうです。

以前、ロンドンで暮らしていた人から聞いた話です。彼女が借りていたフラット（集合住宅）では、日本人の家が出すゴミが断然多かったとか。このことが、なんだかとても恥ずかしかった、とも話していました。

すっきり暮らすというと、何でも片っ端《かたっぱし》から捨てて処分することだと考えがちですが、当然、「ゴミの減量《げんりよう》」も大きな課題になります。

ゴミのスリム化のためには、まず、ものは最後まで使い切るようにすることが何よりです。昔は野菜の切れ端、スイカの皮などもぬか床《どこ》に入れ、翌日の食卓に並べた家庭がありました。そのほか、残り野菜はコトコト煮《に》てスープにしたり、時にはご飯に炊《た》き込んでしまうことも。

おばあちゃんの知恵という本を見ると、ダシを取った後のかつお節《ぶし》を軽く炒《いた》めて、しょうゆ、みりんで味をつけ、ゴマや松の実を入れて自家製のふりかけをつくったり、茶ガラを乾《かわ》かして枕に入れて香りを楽しむなど、ものを最後まで使い切る知恵はさらにいろいろあるようです。

少し前まではこんな、たくさんの知恵を働かせて暮らしていたから、ゴミも少なかったのでしょう。そうした知恵、ものを使い切るという大事な考え方は、次世代にもちゃんと伝えていきたいもの。

今、シニアの入り口に立っている五十～六十代の人は、こうした知恵を、どこかで聞いたことがある世代です。その知恵や考え方を次の子どもたちにも伝え、何でもゴミ袋に入れて自分の家の外に出せばいい、という考えに歯止めをかけるようにしていきましょう。そのためには、私たち自身が、これを実行すること。まずお手本を示すことが大事です。

さいわい、ゴミを減らさなければいけないという意識はだんだん浸透《しんとう》しているようで、環境省の発表によると、ゴミの量は二〇〇三年度から毎年三％程度ずつ減ってきているそうです。

「折水」が教えるエコ精神——最後まで使い切る、恵みを分け合う

禅には、「折水《せっすい》」という作法があると聞きます。

禅の食事は精進料理《しょうじんりょうり》。食材は野菜や穀類《こくるい》、キノコ、木の実など。ダシは昆布《こんぶ》かシイタケで取り、脂肪はゴマやマメ類から。タンパク質もマメ類などで摂取します。

たとえば、ゴマ豆腐《どうふ》は、禅寺で出される最高のご馳走《ちそう》から広がっていったもの。揚《あ》げ出し豆腐も、タンパク質と脂肪の両方を摂《と》る禅の食事の工夫から発展したものかもしれません。

主食は雑穀《ざっこく》を入れたおかゆ。食膳《しょくぜん》は、野菜や厚揚《あつあ》げなどの煮物が入った椀《わん》に、たくわん程度が並ぶ簡素なもので、たくわんを一切れ残して食べ終わるのが作法です。

食べ終わった椀には白湯《さゆ》を入れ、このたくわんでぬぐうようにして、椀を清《きよ》めます。その後、白湯は飲み干《ほ》しますが、この時、ひと口残します。当番の僧が皆

からこれを集め、庭木の根元などにかけるのです。

この作法「折水」には、二つの意味が込められていると思います。

一つは、言うまでもなく、ものは何でも、最後の最後までムダにしないで使い切るという精神です。動物は他の命をいただいて生きているのだという話は前にも触れましたが、それを思うと、食べ物を残したり、汚《きたな》らしい食べ方は、命に対して礼を欠くことになります。たくわんでぬぐい、椀についた米粒の最後の一粒まで食べ切る精神を忘れないようにしたいと思います。

もう一つは、受けた恵《めぐ》みを分けあうという精神です。食器をぬぐった白湯を全部、飲み切ってもエコはエコでしょう。それをあえて少量残し、草木にも分けるのです。自然のものは自然に還《かえ》ると言います。折水には、たとえごく一部でも、いただいたものを自然に還す気持ちが込められているのだとも思います。

我々は、さまざまなものを自分以外のものから与えられて、今日の命を生きています。その恵みに対する感謝の思いは、誰かと分け合うことによって、一つが二つへ、二つが四つへ……と限りなく大きく広がっていくのです。

もちろん、毎日、ここまでは意識してできないでしょう。それでも、食事の前に「いただきます」と手を合わせる時、折水に込められた精神を頭に浮かべて、命をいただく食べ物に感謝しながら、食事を楽しむことはできるはずです。

「暗闇と静寂」に身を置く――普段、見えにくいものが見えてくる

アフリカで一年近く、なかば放浪《ほうろう》のような旅をしてきた人から、アフリカでは夜は本当に真っ暗なのだと聞いたことがあります。

時代小説などに、「鼻をつままれてもわからない夜の闇《やみ》……」という表現を見かけますが、今でも、地方の街灯《がいとう》がないところなど、夜はこんなに暗かったのかと驚くことがよくあります。夜は墨《すみ》を流したように暗い。これが自然のままの姿なのですね。

そうしたところを歩くのは危険ではないかとも思いますが、真っ暗闇に身を置いていると、動物的な感覚が蘇《よみがえ》ってきて、暗闇の中で動くもの、自分に迫ってくるものの気配を敏感に感じ取るようになっていくそうです。

闇が深ければ星はこうこうと輝《かがや》き、道しるべとして役立つでしょうし、満月の

夜ならば、月明かりに満開の桜や秋のもみじなどが浮かび、ひとしおの風情《ふぜい》なのではないかと思います。

夜が暗いとかえって神経が研《と》ぎ澄まされ、ときに心の本音など、普段は見えにくいものも見えてくるのでしょう。明るい環境では、視覚情報が多すぎて集中できず、心の動きとか、自分の本音などが意識しづらくなっているのです。

自分のことが見えてくると、大事に思う相手の気持ちも、同時に見えるようになってきます。いつもは何も言わないけれども、互いに相手を思い合う。こうした人間関係は、暗い夜に自分を見据《みす》えることから芽生え、育っていくものかもしれないと思うほどです。

現代の日本は二十四時間、都市は明るく、家の中もすみずみまで明るい照明に照らされています。そこに、先ごろの節電です。でも、節電で少し暗くなった夜の街に、かえって落ち着きを感じたのは私だけだったでしょうか。

人は、失うことを過度に恐れすぎてはいけないのです。失うことによって得るものもたしかにあることを、もっと知らなければなりません。

普段、当たり前のように思っている光を消し、音を断つ。あるいは情報を断ってみる。その結果、何が得られるか？　たまには明かりを消し、テレビも消し、暗闇と静寂《せいじゃく》の中に身を置いてみましょう。

「車は持ち続けるか？」——自転車、タクシー、カーシェアリング

最近は都心でも、自転車に乗っている人をよく見かけます。自転車通勤の人も相変わらず増えていますし、渋滞した車を横目に「お先に失礼！」と通り過ぎていく顔は、ちょっと得意げに見えるほどです。

自転車の旅・ツーリングも人気を集めています。若いタレントが二人、ヨーロッパの田舎道を自転車で旅をする番組を見たことがありますが、風を感じながら走る爽快感《そうかい》が、画面を見ている私にまで伝わってきて、本当にうらやましかったものです。

途中、車はおろか、人さえもめったに通らないような道ばたで大《だい》の字になって休んだり、通りかかった小さな町の人との触れ合いを楽しんだり……。

本来、旅はこうしたものではなかったかと思えました。

そこで思い切って、車を手放してみませんか？

車がないと、毎日の生活にも仕事にも困るというような環境に住んでいる場合は別として、都心部やその周辺の暮らしなら、「車はなくてはならない」というのは思い込みにすぎないかもしれません。

高齢者に、バスのフリーパスを発行している自治体も多いはずです。こうした公的サービスを活用すれば、車はあってよし、でもなくてもよし。心配するほどの不自由さはないでしょう。

買い物が重ければ、いまや大手スーパーでは当たり前になりつつある配送サービスを利用すればいいのです。ダンボール箱いっぱい送ってもらったとしても、送料は数百円程度。午後の早い時間までなら、その日のうちに届けてくれるところも多いそうです。

シニアになりライフスタイルが大きく変わったら、車を所有する必要があるかどうかを見直す。単に、今までの延長線上を続けるのではなく、こうした視点も持ちたいものですね。

高齢ドライバーの事故件数は、この十年ほどで一・五倍に増えています。高齢になれば、反射神経をはじめ、さまざまな能力が衰えてきます。高速道路を逆走するなど、若い時には考えられないようなミスを犯す。そんな高齢ドライバーが出現するのは、自分でも気づかないうちに、とっさの判断力や認知力が低下したためです。

そのうえ、車はかなりの〝お金食い〟です。平均的な国産車を二〇〇万円で買ったとして、車のローン、駐車場代、車検や車両保険、自動車税など合わせると、マイカー維持費は年額八〇万円になるというデータもあります。

限られた年金での暮らしなら、八〇万円はかなり大きな支出です。これだけのお金があれば、片道二〇〇〇円程度の距離をタクシーで二〇〇往復できる計算になります。二日に一日以上で頻繁にタクシーに乗ったとしても、お釣りがくるわけですね。しかもタクシーなら、居眠りしようと、少々お酒を飲んでいようと、まったく問題はありません。

どうしても自分で運転をしたいという人は、カーシェアリングを利用する方法もあります。カーシェアリングは、複数の人で一台の車を使うシステム。カード会社やパーキング会社が運営していることが多く、いったん申し込みを済ませておけば、必要な時にすぐに乗れます。最近では分譲マンションの駐車場にも導入されることが増えてきました。

運営会社によりシステムや料金は異なりますが、一般に一時間で八〇〇円ぐらいから。週末に一日乗ったとしても一万円程度です。

仕事をしている間は、週末ぐらいしか車を使わないという人も多いのではないでしょうか。カーシェアリングは資源としての車を眠らせておくことなく、できるだけ一台の稼働《かどう》時間を増やして、皆で効率的に使おうというエコ発想も込められています。

どんな選択をするかは人それぞれ。でも一度、頭を柔らかくして、今まで当たり前だと思い込んでいたことを、ゼロレベルから考え直してみると、新たな視界が開けてくることも多いですよ。

ものを捨てる前に「最後のご奉公」を――家庭の知恵を忘れない

ある女性がしみじみと、こんなことを話していました。

「母が亡くなって、そろそろ一年になります。不思議なものですね。亡くなった直後よりも、最近になって、いっそう鮮明《せんめい》に母のことを思い出すんですよ」

特に、お母さんが使っていたものを整理している時などに、ふっとお母さんの声が聞こえてくるような錯覚《さっかく》を覚えることがあるとか。なんだか、わかるような気がします。

そして、遺品を整理しながら「これは捨てなければ……」とゴミ袋に入れようとすると、「最後のご奉公《ほうこう》をしてもらおう」という声が、どこからか聞こえてきたのだそうです。

この女性のお母さんは大正生まれ。戦中、戦後とモノのない時代に子育てを経験してきた世代です。それもあってか、何かを捨てる前にはよく「最後のご奉公をしてもらおう」と言って、もう一度、使い切ってから捨てていたそうです。

たとえば、切り花や庭の落花《らっか》は「こうすれば、もう一日楽しめる」と、花だけを切り、小さなガラス皿などに浮かべて、玄関の飾り台やトイレなどに飾るのです。

古くなったタオルはザクザクと縫《ぬ》って雑巾《ぞうきん》に。その雑巾がへたってきて捨て時になると、最後に玄関ポーチなどを拭《ふ》いてそのままゴミ箱に。

古くなった下着や衣類は適当な大きさに切って、台所の引き出しの隅《すみ》に入れておき、ガス台の油汚れなどをさっと拭いてゴミ入れに。油を軽く拭き取るだけでも、ガス台の掃除はかなりラクになります。

伝線《でんせん》したパンティストッキングもザクザクと切っておき、出かける直前に靴《くつ》のつま先などを拭く。ストッキングで拭くと輝きがよくなり、つやつや光った靴で気持ちよく出かけられます。

少し前まで、こうした知恵はどこの家庭にもありました。シニア世代なら誰でも、裏白《うらじろ》のチラシをとっておき、メモ用紙や子どもの落書き用に、切って使った経験があるのではないでしょうか。

今の若い世代にとっては、こうした工夫はケチくさく、また面倒くさいものに映《うつ》るかもしれません。でも、私はこうした気働《きばたら》きをなくしてしまいたくはないと思います。

最近は、仕事で使う大きい封筒などは、内部で使いまわしする会社も多いようです。メモ用紙も要らなくなった資料を切り、裏を使っています。

捨てる前の「最後のご奉公」をケチだとか、貧乏くさいと片づけてしまわずに「どうやったら、あと一働きしてもらえるだろう?」と考えるのも楽しいのではないでしょうか。実益を兼ねた「脳トレ」にもなりそうですね。

シンプルライフの秘訣――「自分なりの贅沢」を一つこだわる

シンプルライフというと、あれもこれも整理して、簡素に暮らしていくというイメージを持つかもしれません。

たしかに、表面的には身辺を大胆なくらい整理して、本当に必要なものだけで暮らしていくことになり、今までの大量のものに囲まれた暮らしとは一線を画《かく》すことになるでしょう。

でも、それでは少し寂しいという人には、何か「これ!」とポイントを絞り込み、それだけは惜しげなく贅沢をする、そんな暮らし方をおすすめします。

Tさんはずっとシングルを通してきた、そろそろ六十代が近いという女性です。仕事は女性誌のライター。好景気のころは、パリ、ニューヨーク、ミラノと海外を飛びまわる日々だったそうです。

住まいのマンションは、洋服やら、趣味で集めてきたアンティーク雑貨《ざっか》などでいっぱい。欲しいと思ったものは、バンバン買う。欲しいものを買える経済力を持つ自分が誇らしかったと高らかに笑います。

ところがある日、母親が倒れたという報《しら》せが飛び込んできました。一人娘の彼女は、旅行カバンに当面必要なものを詰めて実家へと帰りました。母親は介護が必要な身となり、結局、彼女はそのまま六年間、母親が最期を迎えるまで実家で暮らすことを余儀なくされてしまったのです。

海外を飛びまわることはできなくなってしまいましたが、そこはインターネット時代ですから、都心から離れた実家でも、企画や原稿をまとめる仕事は続けていたそうです。

そして母親を見送った後、「やっと元の暮らしに戻れる」と前に住んでいたマンションに帰ってみると、何だか居心地がよくありません。あれほど夢中になって集めたアンティークの家具や雑貨、高価な洋服や小物の山が妙《みょう》に空しく感じられるのです。

その理由は、この六年間、ここにあるものなどなくても何不自由なく暮らしてこられたこと。つまり、「マンションに置いてあったものはどれも、私の人生にはさほど必要なものではなかった」と彼女は気づいたのでした。

その後、彼女は長野県の安曇野《あずみの》に引っ越しました。安曇野には地縁《ちえん》があったわけでもなく、何となく田舎暮らしがしたくなったから、と話しています。

パソコンを駆使して、原稿を書く仕事は以前どおり続けていますが、最近はファッションをテーマにしたものよりも、田舎の自然に溶け込むような暮らしから見えてきたこと、感じたことなどを書き送っているそうです。

安曇野の家は一〇畳ぐらいのリビングとベッドルーム、ほかに小さなゲストルームがあるだけ、という小ぢんまりとしたもので、それまで大事に使っていた家具や雑貨は、もう自分には必要ないものと、ばっさり処分してしまいました。

今のリビングには、大きな木のテーブルと椅子、小さな食器棚が置いてあるだけ。でも、フランスのノミの市《いち》で買った古い陶器などお気に入りの食器をいくつか並べ、毎日のお茶の時間に惜しげもなく使っています。

簡単なありあわせ料理も、お気に入りの器に盛るだけで、たちまち贅沢な食卓に変わると目を細めています。食べるものは無農薬、無添加《てんか》、手づくりなどがキーワード。これも、今の生活環境ではかなり贅沢なこだわりです。

「でも、何よりも健康にいいし、美味しいものは私にとって元気の源《みなもと》です」と、この選択に関しても屈託《くったく》がありません。

世の中で衣食住、すべてに贅沢ができる人は限られています。であれば、何か一つに絞り込み、それだけは思う存分に贅沢するという選択はどうでしょうか。

彼女の場合は食事、というより食材です。

田舎暮らしでも、全国から最高の味をお取り寄せ。愛猫《あいびょう》にまで、無添加有機飼料《しりょう》という店の新鮮なレバーや肉などを与えています。

シンプル、簡素な生活にも一つは、自分なりの贅沢を実感できるものがある。実はこれこそが、ゆたかなシンプルライフの秘訣なのです。

「あると便利」は本当に必要か？――時間や手間から味わえるもの

あると便利そうだな、とつい買ってしまったもの……。仕事机や台所の引き出しにいくつも入っていませんか。

一〇〇円ショップの店内には、感動するほど数多くの〝便利グッズ〟が並んでいます。しかも、次々と新製品が開発されています。一〇〇円という低コストでよくこれほどの商品を作ることができるものだと、その開発力にはまさに脱帽《だつぼう》のほかありません。

けれども、一個だけレジに持っていくというのも気恥ずかしい。そこで、つい予定以外のものまで買ってしまうことに。ちなみに、一〇〇円ショップのお客の一回の購入個数は平均四・七三個。納得のいく数字です。

一〇〇円ショップの商品を見ているうちに、「こういうものが欲しかったんだ」と思わず声を出してしまう品を見つけて、もちろん、迷うことなくお買い上げ。

ところが、実際の出番は年に数回くらい、というものはありませんか。

便利グッズの本質とは、もともと「あると便利」というより、実は「あってもいい」というくらいのものではないでしょうか。

テレビの通販番組でよく見かける、野菜をいろいろなサイズや形に切り分けるいかにも便利そうなカッター。

たまたま、その宣伝番組を一緒に見ていた看護師が「山ほど大量につくるわけじゃないし、二、三人分なら、包丁でちゃちゃっと切るほうがずっと早いわよ。こういう器具は後で洗う始末も面倒だし」と言ってのけました。共働きの彼女は何より、手早く済ませられることがいちばん！　なのだそうです。

ギョウザの皮を広げて、具をのせてパタンと閉じると、均一なヒダヒダ付きのギョウザの出来上がり！　という便利グッズを見かけたという話をしたら、別の看護師が、「うちでは幼稚園に通う子どもと一緒に、手でヒダヒダを寄せながらギョウザを包むのが、親子のコミュニケーションタイムなんですよ」と明るく笑い飛ばしました。

誤解のないように書き添えますが、私は別に一〇〇円ショップや野菜カッターなどを否定するつもりではありません。でも、あると便利なものを求める前に、なければ自分の手で工夫してみるという精神も持ってほしい。そう、強く思っています。

それに、ヒダヒダは均一でないかもしれないけれど、親子で一生懸命に包んだギョウザのほうが、愛情がこもって美味しそうではありませんか。

便利グッズに手を伸ばす前に、なくても済む知恵、時間や手間がかかるからこそ味わえる何かがあることも思い出してみませんか。

「朝早く目が覚めても気にしない」——朝の時間の使い方こそ大事

「年のせいか、朝早く目が覚めてしまって……」と不安そうに訴える人が増えています。しかし、「朝早く目が覚めたなら、そのまま起きてしまっても大丈夫ですよ」と私は話します。

決まった時間までに出勤しなければならない人は事情が異なりますが、仕事から解放され、自分の時間を好きに使えるシニアの立場ならば、一日を早く始めたところで支障《ししょう》はないでしょう。

朝、早く起きるのは本当に気持ちがいいものです。経営者の中には、ごく早朝に起きて瞑想《めいそう》などをし、一日の始まりを、心が澄んだ状態に整えることを習慣にしている人が多くいます。

また「こうすれば、人生がうまくいく」という内容をまとめた自己啓発書には必ずと言っていいほど、「朝早く起きる」という項目が見られます。

薄暗いうちに外へ散歩に出かけ、夜が白々《しらじら》と明けてくるのを見つめていると、新しいエネルギーを注ぎ込まれるような感じがあり、体の奥から元気になっていく実感があります。朝は風も光も初々《ういうい》しく新鮮で、それに触れるだけでも元気な一日につながります。

朝の空気がどんなに美味しいかも味わえますし、散歩やラジオ体操などで体を動かせば、朝食も一段と美味しく食べられるはずです。

早朝に起きると、家族もまだ静かに寝息を立てていて、誰にも邪魔されず、ひとりの時間を過ごすこともできます。実は、ひとりの時間を存分に過ごせることほど、心愉《たの》しいことはないものです。

ひとりになりたいのなら、家族が寝静まった深夜でもいいのではないか、と思うかもしれませんが、同じ時間でも、夜の一時間と早朝の一時間では、開放感がまるで違います。

何よりいいのは、朝早く起きれば、夜も早く眠くなることです。シニアには寝つきが悪いと悩む人が少なくないのですが、その対策の一つはまことに単純で、朝早く起きて一日たっぷり活動することなのです。

夜は、眠気がさしてきたら、さっさと寝るに限ります。見たいテレビがあるなら録画しておき、暇な時間にゆっくり見ればいいのです。

人間は暗闇では目が見えません。つまり、昼行性《ちゆうこう》の動物ということです。日の出とともに起き、日が沈んだら眠る。これが本来の人の暮らし方と言えるでしょう。早寝早起きが健康の基本とされるのは、人間にとって、いちばん自然な暮らし方だからかもしれませんね。

明日から、一時間早く起きて、一時間早く寝る暮らしを実行してみませんか。早起き・早寝なら、電気をつける時間も減り、自然と省エネの生活にもつながります。

「住まいの衣替え」の知恵——自然を生かした暮らし方を見直す

周囲をぐるりと山に囲まれた京都は、盆地《ぼんち》特有の気候から、夏はメチャクチャ暑く、冬はしんしんと骨に沁《し》みるような寒気に襲われます。

そこで、京都の古い家や料亭などでは、今も〝住まいの衣《ころも》替《が》え〟をする習慣が伝えられているそうです。現代のように、エアコンのスイッチ一つで室温を調整できるなど想像もできない時代からの習慣です。

制服のある学校では六月一日は衣替え。この日から夏の制服に変わるところが多いでしょう。京都では、住まいの衣替えもこのころに始められます。六月に入り、からっと晴れた日があると、建《たて》具《ぐ》（部屋の仕切り）などを入れ替えて夏《なつ》座《ざ》敷《しき》にするというのです。

襖《ふすま》障子《しょうじ》が外され、御簾《みす》や簾《す》戸《ど》に替えます。すだれを縁側《えんがわ》に下げ、畳には網代《あじろ》と呼ばれる竹を編《あ》んだ敷物や籐《とう》の敷物を置きます。網代は見た目が清々しいばかりか、足《あし》触《ざわ》りがひんやりして、清涼感を伝えてくれます。

簾戸は葦を使った引き戸で、風通しがよく、涼風《りょうふう》を座敷に誘い込んでくれるので、風のある日ならばエアコンなしでも十分にしのげるほどだとか。いかにも京都らしい風情ですが、ここまで大がかりでなくても、軒先《のきさき》に風鈴《ふうりん》を吊るしておくだけで、わずかな風にも「チーンチーン」と心を洗うような音色を立て、涼感を届けてくれます。

最近は〝緑のカーテン〟も人気を呼んでいます。緑のカーテンとは、ツル性の植物をネットに這《は》わせて窓の外に立てかけたり、壁に這わせたりしたものです。春先に種をまいたり、苗《なえ》を植えるとぐんぐん伸び、夏の盛《さか》りには緑で一面を覆《おお》ってくれます。

緑のカーテンは遮光《しゃこう》効果のほかに、葉の蒸散《じょうさん》作用による冷却効果も大きいそうです。植物は根から吸収した水分を葉から蒸発させていますが、この蒸散の時に熱を奪っていくのです。

遮光効果、蒸散作用による冷却のダブル効果で、緑のカーテンは二〜四度ほど温度を引き下げる効果があるのが確かめられています。しかも、秋になると葉が落ちるので、冬は日差しをさえぎることなく、明るく温かな光を家の中いっぱいに取り込めるのです。

このように、自然を生かした暮らし方をもう一度、見直してみませんか。

ゆたかさも貧しさも「その人の感じ方次第」――他人は関係ない

今の世の中では、生きている限り、お金を抜きにしては暮らしていけません。はっきり言って、お金はとても大事。しっかりと現実を見つめ、これから先の展望も加えて、お金を上手に使う名人をめざすべきでしょう。

若い時なら、手元のお金が足りなくなれば、もっとたくさんの仕事をするとかより効率的な働き方をめざすなど、お金を増やす方法もあります。でも、ある年代からはお金に関しても〝縮小モード〟になるのが一般的です。

内閣府「平成26年版高齢社会白書」によれば、高齢者世帯の平均所得金額は約三〇四万円。うち、公的年金は約二一〇万円で所得の七割ほど。足りない分は蓄《たくわ》えを切り崩す、アルバイトをするなどでまかなうようになります。個人差、世帯差が大きいのですが、一般的に高齢者の預貯金、有価証券などの金融資産は多く、三十代後半の二倍以上を所有しているというデータもあります。

こう言うと身もフタもないかもしれませんが、結局「ない袖《そで》は振れない」というのが、お金に関する厳粛な事実です。

手元のお金の範囲内で、きちんと暮らしていくプランを今から立てなければなりません。そうしなければ、先々に待っているのは、社会問題としても取り上げられるようになった〝老後破産〟です。子どもがいたとしても、子どもに大きな負担をかけたくはありません。

持ち家があれば、あと必要なのは日々の食料品と光熱費など。生活費はふくらませればどんどん広がりますが、つつましく暮らそうと思えば、ある程度までは縮められそうです。

「起きて半畳《はんじょう》、寝て一畳《いちじょう》」という言葉があります。この言葉の真意は「広い屋敷に住み、どんなに贅沢な暮らしをしていても、ひとりで占める面積はせいぜい起きている時に半畳で、寝る時に一畳ぐらいで十分だ」ということ。

どんなにおしゃれを楽しんでも、一度に着られるのは一着だけ。十二単《ひとえ》ではあるまいし、何枚も重ね着はできません。食事も一日に三度。食べ過ぎれば、たちまちメタボ体型になり、健康に赤信号が灯《とも》ってしまいます。

十九世紀のアメリカの思想家エマーソンは、「貧しさは、貧しいと感じるところにある」という言葉を残しています。

すぐ他人と比べるのではなく、その人が貧しいと感じなければ、そのままでもゆたかな暮らしになるのです。

身の丈《たけ》に合わせて、つつましく簡素に暮らす様子は、決して貧相ではありません。清々しく、品格さえ感じさせるものでしょう。

限られた年金でも「赤字ゼロ」の暮らし方――倹約だけではダメ

本を出している関係から、フリーの編集者ともつきあいがあります。フリーは組織の縛《しば》りがないので、自分のペースで仕事ができ、腕《うで》一本で生きている様子はさっそうと映ります。

ただし、年齢を重ねるにしたがい、見えない苦労はあるようです。もちろん、定年はないのですから、いつまでも仕事ができるわけですが、実際は仕事が次第に減ってくるケースが多いようです。あるいは、そろそろゆったりとした時間を楽しみたいと、あえて仕事を減らしている人も多いでしょう。

公的年金は国民年金だけ。フリーランサーだけでなく、商店や農業、漁業など自営業の人をカバーする国民年金の支給額は、厚生年金の半分にも満たないレベルで、年金暮らしはかなり厳しいのが実情のようです。

女性ライターのSさんもフリーランサーから国民年金の老後に進んだ人です。そろそろ自分の時間を楽しみたいと考え、仕事を抑えて趣味の活動を楽しむようにシフトしています。また、シングルを通した人なので、夫の年金という支えもありません。

生活費の予算枠は、現役でバリバリ仕事をしていたころの約半分に縮めたそうです。でも、時々は旅行も楽しめば、割《わ》り勘《かん》でお酒を飲むというような席にもよく顔を出します。

ある時、そうした暮らし上手のコツを尋ねたところ、「赤字はできるだけ早く埋め、長く持ち越さないことが大事」ときっぱり。何につけても明快な答えが返ってくるのは、彼女の聡明《そうめい》さを伝えています。

毎月の生活費予算を日《ひ》割《わ》りにすると、一日に使えるお金はいくら、と出てきます。楽しい誘いなどがあって、その出費枠を超えることがあっても、できるだけ積極的に参加すると決めているそうです。

そのかわり、翌日からは超節約モード。たとえば、冷蔵庫のありあわせで一日か二日過ごして支出を抑える。こうして、短期間に赤字を解消していけば、月単位ではめったに赤字は出ないとか。

「毎日の予算枠は決まっているけれど、ゴムひもみたいに伸ばしたり、縮めたりして暮らすんです」と、またも明快な言葉が飛び出します。

毎日、使ったお金を書き出し、今月は今日までいくら使ったか、合計額も書き出します。こうすると、今月は残り何日ある、予算はいくら残っている。あるいは、もうこれだけしか残っていないから締《し》めていこう、などと自分なりの調整力が働きます。これも、大きな赤字を出さないためのコツだそうです。

月末にはその月の出費を見直し、不要な出費だったと思えるところには赤線を引いて、しっかり自己反省もしています。

普段から節約しているので、毎日、出費を書き出すのにかかる時間はせいぜい一、二分。月末のチェックと反省でも数分程度です。こうした時間を持つようにしてから、赤字を出したことはないと自慢していました。

限られた枠内の年金暮らしだからといって、四六《しろく》時中、倹約ばかりでは疲れてしまいます。人生は、まだまだ長いのです。

行きたいところには出かけていく。でも、その後でしっかり締める。こんな緩《かん》急《きゅう》自在の賢いマネー管理術で、せめて気持ちは大らかに暮らしているそうです。

「財布も整理整頓」──手間をかけるほどムダな出費をしなくなる

「こうすれば運がよくなる」というようなテーマの雑誌があって、パラパラとページをめくっていたところ、面白い記事が目に留《と》まりました。

「お札《さつ》にも礼を尽くす」とあるのです。

世の中には、こちらが相手を大事に思えば、相手もこちらを大事に思ってくれる法則のようなものが働いている。だから、すべての物事において相手を大事にして礼を尽くす。すると、自分が願う方向に運が開けてくるというものでした。

お金についても同じで、お札を財布に入れる時、グシャグシャに入れるのは言語道断。天地《てんち》が引っくり返っていたり、千円札と五千円札などを混ぜて入れるのもいけないそうです。

お札の向きを揃え、大きい金額から小さな金額へと順番に重ねて、財布にきちんと入れる。いつもこうしていると、金運がよくなり、お金の悩みがなくなるとありました。

私には、世の中に働く法則性はよくわかりませんが、財布の中を整理しておくこと自体には賛成です。財布の中身がいつもきちんと整理されているのは、けっこう大事だと思っています。

お金はとても大切なものだけに、財布の扱いは、その人の性格や精神の状態をよく表すのではないでしょうか。財布を取り出したところ、お札の端《はし》がはみ出て折れていたり、乱雑に入っていたりしますと、ほかでもぞんざいに暮らしているのだろうなと思えてしまうのです。

普段から、お釣りをもらったら、大きな金額の紙幣とそうでない紙幣を揃え、できるだけシワにならないよう入れたいものです。こうすれば、次に使う時も気持ちがいいでしょう。支払いの時でも、人にシワシワのお札を手渡すというのは気が引けてしまいます。

また、面倒だからと、いつも紙幣を出して硬貨のお釣りをもらう。その結果、パンパンにふくらんでいる財布を見かけることもありますが、傍目《はため》には、これも見苦しいものです。

支払いの時にはコイン入れもちゃんとチェックし、小銭《こぜに》があれば硬貨を出す。一七五六円という支払額の場合なら、千円札二枚と二六一円を出して、五〇〇円玉一枚と五円のお釣りをもらうというように、いちばん小銭が少なくなるよう、簡単な計算をしてお金を出すようにすると、財布が見苦しくふくらむ一方になるのを防げます。

お釣りを暗算するクセをつければ、買い物のたびにちょっとした頭の体操にもなりそうです。

また、買い物から帰ったら、財布からレシートをすぐに出しましょう。何日分ものレシートが入っているのは、ちょっとだらしない印象です。レシートを取り出した時に、簡単にその日の出費をメモすれば、買った時の記憶もまだ鮮明で、お金の使い方のチェックも効率よくできます。

こうして時々、財布を整理整頓する習慣をつけると、お金を大切に上手に使うようになり、その結果、ムダな出費をしなくなるため、金運がよくなったように感じるのかもしれません。

お金では買えない「喜び、幸せ、思い出」——あなたの気づき次第

年齢を重ねて仕事が減ってきたり、年金暮らしになれば、これまでより収入が減るのは当たり前です。

でも、案《あん》じることはありません。世の中には、お金で買えない楽しみや喜びもいっぱいあるからです。

つい最近、スコールのような急な雨があった後、再び日が差してきたと思ったら、銀座の空を覆うようにして、大きな虹《にじ》がかかっていました。それを見た瞬間、ワクワクするような幸せな気分を感じたものです。

空に浮かぶ白い雲を見るだけで心が弾《はず》んだり、満開の桜や絢爛《けんらん》たる紅葉に感嘆のため息をついたり……。お金のかからない喜びや幸せは、身近なところにたくさんあるもの。それは、あなたの気づき次第なのです。

ある七十代の女性は、若いころに離婚し、女手一つで二人の子どもを立派に育て上げました。今のように女性の社会進出が目覚ましい時代ではなく、男女雇用

機会均等法もなかった時代です。これまで、さぞ苦労も多かったでしょう。

老後は子どもとの同居を選ばず、傍目にも質素な、でも凛としたひとり暮らしを続けています。

子どもたちは、よく孫を連れてお母さんを訪ねてくるそうですが、そんな時は「孫には、お金では買えないものをたくさんプレゼントしているのよ」と微笑みます。

お金で買えないプレゼントとは、たとえば、食事のマナーや目上の人に対する言葉遣い、刃物を人に渡す時には刃先を相手に向けないといった、今の時代には教えられることが少なくなった他人への心遣い、礼儀、接し方などです。

また、「春はぼたんの花の季節が近いからぼた餅《もち》、秋は萩《はぎ》の花が咲くころだからおはぎと言うのよ」とか、「おせち料理の数《かず》の子《こ》は子宝を願って、黒豆はマメ（丈夫・健康、まめに働く）になるようにという願いが込められているの」などという、行事《ぎょうじ》料理のいわれの説明も人気が高いそうです。

最近は「シックスポケット」と言って、両親と両方の祖父母の六人が競うようにして子ども（孫）にお金を使うと聞きますが、それは本当の愛情ではないでしよう。子どもをスポイルするだけだからです。

経済的に余裕がある場合でも、おじいちゃんやおばあちゃんは、お金では買えないものを与える役割をしっかり果たすほうがいいと思います。

住宅ローンに車のローン、そのうえ教育費では大変だからと、いろいろ援助する人もいるようです。でも、独立した子ども世帯にお金を差し出すのは、できるだけ控えましょう。

多少余裕があったりすると、そうしたい気持ちになってしまうのもわからないではありませんが、そこは心を鬼にすべきです。

それよりも、空の虹を見たり、黄金色《こがね》の夕映《ゆうば》えを見たり、風に乗ってくる祭《まつり》囃子《ばやし》に心躍《おど》らせたり……。お金では買えない喜びや幸せ、思い出がたくさんあることを子どもや孫たちにも伝え、その時間を一緒に味わう暮らしを大事にしたいものです。

第4章

人間関係も「シンプル」が落ち着く

――「大事な人」とだけ向き合う日々

友だちも「量より質」に――心の負担になる関係は徐々に整理

人生は寂《さび》しい。まして老いるにしたがって、寂しさの足音がいっそう高まると本などによく書いてあります。そして、寂しい人生にならないように、友だちづくりに励《はげ》むようにとも……。

たしかに友だちは人生の宝物です。と同時に、たくさんいればいるほどいいと思いがちです。

ところが、人間関係はひとつ間違えると最大のストレスの原因にもなります。精神科での訴えでもっとも多いのは、「人間関係がうまくいかない」「人間関係がわずらわしい」など、人間関係に関することなのです。

仕事をしている間は、「あの人はどうも苦手だなあ」と思うような人ともうまくやっていかなければなりませんでした。「ならぬ堪忍《かんにん》、するが堪忍」などと、何度も自分に言い聞かせたりもしました。

そうした、苦しい人間関係から解放されると考えただけでも、リタイアの日が待ち遠しく思えてくるほどです。

人生も後半期に差しかかってきたら、心の負担になるような人間関係は徐々に整理していってはどうでしょう。友だちは量より質。若いころより体力も気力も残された時間も少なくなってきたのですから、なおさらです。

黙っていても心が通い合う、そんな友人とともに過ごすのは、まさに至福の時間。何も特別なことはなくても、リラックスして心がゆたかに満たされます。

時間を調整してまで会うのは「また、会いたいなあ」と心から思える人だけ、と決めてしまった人がいます。

かなり顔が広く、人づきあいはいいほうだと自認していたそうですが、改めて心から「また、会いたいなあ」と思える人を数えてみたら、ほんの三、四人。意外に少なくてびっくりしたそうです。しかし誰でも、真の友だちはこの程度の数ではないでしょうか。

だからと言って、それ以外の人とは「もう、つきあわない」と心を閉ざしてしまう必要もありません。こういう人とは深く関わることをやめればいいのです。突っ込んだことは尋《たず》ねない。尋ねられても適当にかわす。

こうしてお互いの距離感を上手に調整して、つかず離れずといった程度でつきあっていけばいいのです。

深く心を通わせ合う真の友と、その時々、にぎやかにおしゃべりを楽しんで、さらりとつきあうだけの友というわけですね。

人間関係を適度に使い分けるというと、イヤミに聞こえてしまうかもしれませんが、友だちにもいろいろあると考えればいいではありませんか。

互いに深い関わりを求めない、ほどよい距離感を置いた人とさらりとつきあうのも、それはそれで楽しいもの。それが大人のつきあいかもしれません。

いい夫婦関係は「こだまの原理」――ひと声かければ必ず返る

何と言っても、夫婦は長い人生をともに歩んできた道づれ。「戦友」と呼ぶ人もいるようですが、ともかく、人生の最大のパートナーであるはずです。

最近は、退職して自由時間がたっぷりできた夫と連れだって近所を散歩したり、一緒にスーパーで買い物をするなど、「いい関係なんだなあ」と思うようなご夫婦を見かけることも増えてきました。

もちろん、逆に子どもが巣立った後、二人だけで暮らしていながら、ほとんど会話らしい会話がなく、そっぽを向き合って過ごしている夫婦が少なくないのも実状です。

一日中、夫が家にいる。それだけで神経がおかしくなってしまう「主人在宅《ざいたく》ストレス症候群」は、増えることはあれ、あまり減っていません。

何十年もの間、夫は朝家を出たら夜遅くまで家にいない。妻は心細さや寂しさに耐えながら、子どもが小さい間はひとりで育児に奮闘《ふんとう》し、子どもが十分育ってからは一転して、自由に、好きなように時間を過ごしてきたのです。

これでは、夫婦の気持ちに距離ができてしまうのも無理はないでしょう。夫が定年になり、ずっと家にいるようになると、それまでの自由が急に奪われたように感じる妻の気持ちもわかるような気がします。

だからと言って、このままでいいわけはありません。二人の暮らしはこれからまだ十年、二十年と長く続くのですから。二人で暮らしていく以上、少しでもいい関係に改善しなければ、残りの人生がつまらないと思いませんか。

夫婦がいい関係になるのは、実はあっけないほど簡単です。自分がこうしてほしいと思うことを、こちらから相手にしてあげる。ただ、それだけです。

つまり、人間関係は「こだま」のようなものなのです。夫や妻から話しかけてほしいなら、こちらからひと言、声をかけてみる。「ありがとう」の言葉がほしいなら、こちらから「ありがとう」と言う。やさしくしてほしいなら、こちらからやさしくする。

手を差し伸べられれば、その手を握る。それが人間関係です。

どちらが先に行動を起こすかなんて、どうでもいいことです。意地なんかはらずに、気づいたほうが、そう思ったほうが行動すればいい。そうすれば、次は「こだま」となって、相手が行動を起こしてくれるでしょう。

スウェーデン生まれの名女優グレタ・ガルボは、「結婚をしないなんて、なんて私は馬鹿だったんでしょう。これまで見たものの中でもっとも美しかったものは、腕を組んで歩く老夫婦の姿でした」という言葉を残しています。

長年つれそった腕を組んで歩く配偶者がいるのに、腕を組まないなんて、もったいなさすぎます。

「人は人、自分は自分」――いい歳して他人の評価を気に病まない

人にどう思われているか、まったく気にならない人は多分いないでしょうが、その歳まで、その自分でやってきたのです。人のことを気にするのは、そろそろやめにしてもいいと思いませんか。

人のことばかり気にしていると、どこかに出かける時も「相手はどんな格好をしてくるのかしら？」などと気になってしまいます。

よく聞くのが「あなたが行くなら、私も行くわ」というやりとりです。こんなふうに言われたら、相手はすっかり重い気持ちになってしまうでしょう。自分が行かないと答えれば、相手も行かなくなってしまう。行くと答えれば、相手も行く。自分には、二人分の決断と責任が託《たく》されたことになるわけです。

「私は、ぜひ行きたいと思っているの。あなたはどう？」と言えば、相手も気持ちよく、「私もそう思っていたところなの。ご一緒しましょうよ」と話も弾《はず》んでいくのではないでしょうか。

いいのです。

「行かない」と決めた場合も同じ。「私は○○にはあまり興味がないので」とか、「ちょっと都合がつかなくて……」などと、当たり障《さわ》りのない返事をすればいいのです。

よくも悪くも、人は人、自分は自分で通していい。私はそう思います。

まわりの人によく思われたいという気持ちはわかりますが、だからと言って、誰からもよく思われることなどあり得ません。

同じ行動をしても、ある人は「積極的でいい」とプラスの評価をし、別の人は「ちょっと出しゃばりじゃない」とマイナスの評価をする。これが世の中だからです。このように考えると、人がどう言っているか、どう思っているか。そんな人の評価は気にならなくなり、気持ちはぐんとラクになります。

いちばんいいのは、「まわりの人によく思われたいからこうする」のではなく、「自分がこうしたいから。こうありたいから」を基準にすることです。そうした基準は、今まで長く送ってきた人生の中でちゃんと培《つちか》われているはず。

いい意味での〝ジコチュウ〟に徹していると、「あの人はこういう人だから」とまわりもちゃんと認めてくれるようになり、いっそう自分の思うままに行動しやすくなっていきます。

「ひとりで行動できる人間」になる――人生を楽しむ自由が広がる

仲間や友人と過ごす時間は楽しいものですが、ひとりで過ごす時間は、それとは次元の異なる安らぎや落ち着きを味わえるものです。

音楽会や芝居《しばい》見物も、ひとりなら気が向いた時にさっと出かけられますし、終了後、その余韻《よいん》を静かに心ゆくまで味わうこともできます。食事やお酒をひとりでしみじみ味わうのだって、なかなか悪くないものです。

このように、どんなことでも、ひとりで楽しめるようになっておくと、行動の自由度が増して、いろんなことを積極的にできるようになります。

ちょっとランチをするのでも、「誰か一緒に行く人がいないとつまらない」と思い込んでいる人は少なくないようです。それで結局、行くのをやめてしまう。

でも、相手が見つからなかったら、ひとりで行けばいいではありませんか。ひとりで行動できるようになっていれば、ひとりの場合でも、誰かと一緒でも、簡単にスイッチを切り替えられるのですから。

ある学会で京都に行った時のことです。知る人ぞ知る割烹《かっぽう》店に入ったところ、カウンターの奥で六十代と見受けられる女性がひとり、静かに食事を楽しんでいました。

この年代の女性はたいてい何名かで連れだっていることが多いのですが、それとなく見ていると、ほどよくお酒を飲み、板前さんに自分の好みのものを注文しています。その様子から、こうした店にひとりで来ることに慣れているようで、とても鮮やかな印象を持ちました。

「つれづれわぶる人はいかなる心ならん。まぎるるかたなく、ただひとりあるのみこそよけれ」（第七十五段）

兼好法師《けんこうほうし》の『徒然草《つれづれぐさ》』にあります。

「ひとりぼっちはつまらないと言う人は、どんな気持ちなのだろうか。気が散ることもなく、ひとりでいることこそ心地《ここち》よいものなのに」というような意味になるでしょうか。

ひとりでいると、自然に思いは〝深いほう〟へと向かっていきます。反対に、ひとりでいる時間を持たない人は、何事もじっくり考えられない、考えたことがない人といっても過言ではないと思えます。

ひとりはたしかに、ちょっと寂しいこともある。だからこそ、ひとりの時間を持つ人は人を大切にし、人の大事な部分を冒《おか》さないよう配慮できるようになるのでしょう。

ひとりで何事も楽しめる人は、友だちなどと大勢の席でもほどよく楽しむことができますね。ところが、その反対は難しい。「とかくメダカは群《む》れたがる」という言葉もあるくらいで、群れるのは自分の弱さをカバーしたいから。ひとりで行動ができない理由も、そこにあると思われます。

いい年齢になったら、ひとりで行動して楽しめる人間になる。これは、年配の大人としての基本ではないでしょうか。

「他人に親切しすぎ」には要注意――寂しさが隠れていませんか？

旅行に行った時など、やたらとお土産を買い込む人がいます。名産のお菓子を見れば、「そうそう、○○さんは甘いものが好きだから、これを買っていこう」。小さなマスコット人形を見ると、「かわいいわねえ。お隣《となり》のお孫さんに買っていこう」という具合です。

「そこまで人のことを気にかけているなんて、いい人だ」と思いますか？　いいえ、この人は寂しいのだと思います。親切もほどがすぎる場合は、その陰《かげ》に寂しさが隠れているケースが多いからです。

お土産を届ければ相手は喜び、自分に笑顔を向けてくれるでしょう。実はその笑顔が欲しいばかりに、あまりつきあいのない人にまでお土産をたくさん買っているという可能性もないとは言えません。

でも、こうした行為が、かえって相手から敬遠《けいえん》されてしまう原因にもなるのですから皮肉なものです。

人から何かをもらえば、もちろん感謝はしますが、一方で「悪いな。そのうち何かお返ししなければ」と相手の心に負担が残ります。一度や二度ならいいでしょうが、それが重なると「あら、また。困ってしまう」という反応になります。ついには「いつもありがとうございます。でも、これっきりにしてくださいね」

と、思いもかけない〝拒絶の言葉〟を浴びせられる結果にもなったりします。こちらは一〇〇％好意のつもりでも、結果的には相手に「困った行為」となってしまったわけですね。

ほどよい人間関係とは、相手が求めてきた場合に、その求めに〝過不足《かぶそく》なく〟応じてあげることに尽きるのではないでしょうか。

もちろん、これは原則。なかには「こうしてほしい」と言い出せない人もいます。だから、相手の思いを察《さっ》して、何か言われたわけではなくても、こちらから何かをしてあげるのが必要な場合もあるでしょう。

でも、相手の気持ちや事情を察するのは、思いのほか難しいことです。だったら、お互いにしてほしいことを率直に口に出すように心がければ、かえって気持ちのよい人間関係になると思いませんか。

Oさんは人生のほとんどをひとり暮らしで通してきた人ですが、「私、寂しい日には知り合いに電話をして、なんだか寂しくて、ちょっとつきあってもらえる？　とねだっちゃうんですよ」と明るく話します。

寂しさは、こうして晴《は》らせばいいじゃありませんか。

それにしても、旅に出ると皆、よくお土産を買いますね。でも、留守番の家族と職場に、みんなで分けて食べられるお菓子を一箱ずつくらいでいいのではないでしょうか。珍しい場所に行った場合は、家族や友人に絵葉書を出す。基本はこれでいいでしょう。

時々、書店や文房具店のカード売り場をのぞいて、家族や友だちなど、それぞれに合うカードを日ごろから探しておき、記念日に送っている人もいます。カードならそれほど高くないし、海外から日本への切手代だって何百円もするわけではありません。

でもカードは、最高の贈り物だと私は思います。「普段から、あなたのことを思っています」という最高のメッセージを送り届けているからです。こうしたカードをもらって、感動しない人はいないでしょう。贈り物は値段ではありません。どれだけ人の心が込められているか、そこで価値が決まるのです。

「新しい親戚は、新しい家族」――わずらわしいと決めつける前に

正月やお盆の時に故郷に帰るたびに、本家《ほんけ》に挨拶をしなければならないという人は意外に多いようです。今でも地方によっては、あるいはその土地の名家《めいか》や大家の出身だったりすると、何かにつけて、やれ本家だ分家《ぶんけ》だと、さまざまな決まりごとがあるのかもしれません。

こうしたことから、「親戚づきあいはわずらわしいもの」と決めつけて、逆に親戚づきあいをシャットアウトしてしまう人も増えています。

特に、地方出身者が学生時代に都会へ出て、そのまま就職、結婚……。こうした場合には、両親のところへはともかく、故郷の親戚とはほとんど行き来なしになってしまうケースも少なくないようです。

もともと親戚が集まるのは冠婚葬祭《かんこんそうさい》の時ぐらいかもしれませんが、最近は、その冠婚葬祭も簡略化が進んでいます。入籍《にゅうせき》の手続きだけという結婚も珍しくなければ、葬儀も「身内で済ませました」という挨拶状が届くだけのケースが増えています。その身内も、配偶者や子ども、孫だけと、ごく近い関係者に限るケースもあります。

冠婚葬祭の簡略化も、ここまで進むとちょっと寂しい気がします。

親戚はDNAや、その家に流れる歴史・文化を共有する間柄で、いくら親しくとも友だちや同僚とは本質的に異なる人間関係です。もう少し大事にしなければもったいないと思います。

特に兄弟姉妹が少なくなった現在は、イトコやハトコなど近い親戚とは日ごろからコミュニケーションをとり、ほどよい関係性を保っていたいもの。

娘さんと息子さんの子ども二人を持つある先輩は、子どもたちが結婚する時、できれば親の家の近くに住んでほしいと希望を伝えたそうです。

その思いは先方の親も同じはずですが、先輩の場合はたまたま、それぞれの相手が地方出身だったので、娘さんも息子さんも勤め先の関係から、東京郊外の先輩の住まい近くへ新居を構えることに大きな支障はなかったようです。

今では、週末にはよく娘一家、息子一家と先輩夫婦が一緒に食事をしているというし、子どもの子どもたち、イトコどうしも、本当の兄弟姉妹のように仲よく遊んでいるとか。娘、息子それぞれの配偶者の親や兄弟姉妹が遊びに来ると一同で集まるため、今では、それぞれの配偶者家族も含めた新しい家族関係ができているそうです。

新しい親戚は、新しい家族。こうした縁《えん》も大事に育てていきたいと思いませんか。

「しすぎる」よりも「しない」配慮が大事――親子の近居づきあい

親と子ども夫婦が近居《きんきょ》する。これでは「昔の本家と分家みたいだ」と思う人もいるかもしれません。

そこは、現代です。嫁・姑《しゅうとめ》間のトラブルなど、これまでの歴史で学んできた経験を生かして、それぞれの家の内情《ないじょう》には踏み込まないなど、新しい親戚づきあいの形をつくっていきたいものです。

精神科医としてもエッセイストとしても大活躍され、九十年の人生を最後まで現役で通された斎藤茂太《しげた》先生は、ある時期から、同じ敷地《しきち》内にご自宅と四人のお子さんの家を建てて暮らしていらっしゃいました。

茂太先生の家を真ん中に、左右二軒《けん》ずつ。どの家も、それぞれの家族が好きに設計したものです。間取りはもちろん、外観も好きでいいと、見事なほどの割り切りようです。

住宅の様式だけでなく、暮らし方にもその割り切りが貫かれています。お互いに自分の家以外のことには、口も手も出さないと決めているのです。たとえば、隣の洗濯物が雨に濡《ぬ》れていても、気を利かせて取り込んだりはしません。

普通なら「隣に住んでいるのに、洗濯物が濡れているのを知らん顔しているほうがおかしい」となるでしょう。でも、下着などは姑や小姑《こじゅうと》に見られたくないと感じる人がいるかもしれないのです。

精神科医として、長く人の心の機微《きび》に触れてこられた先生は、人間関係においては「しすぎること」より「しないこと」のほうが大事だ、という点をよくご存じだったのだと感じ入りました。

斎藤家の親子近居のルールは、たった一つ。茂太先生の誕生日には、どんなに短時間でもいいから、必ず先生のところに顔を出すこと。それだけだったそうです。

現代の親子近居において、「お互いに、それぞれの家の事情に入り込まない」という配慮が大切だという点は、誰もがわかっているはずです。でも、ここまで徹底すべきと理解している人はめったにいないでしょう。

近居には、けじめも覚悟も必要だということですね。

「独居と孤独」は別のもの――家族の中で孤立する高齢者もいる

最近は、妻に先立たれた男性も「ひとり老後」の暮らしを選ぶ場合が増えています。以前から、夫を見送った後の女性はひとり老後を選ぶケースが多く、いまや、ひとり老後は老後期を過ごす一つの形になっています。

厚生労働省の「平成25年国民生活基礎調査」によると、六十五歳以上の人がいる世帯のうち、単独世帯は五七三万世帯で二五・六％。高齢者の四人に一人は、ひとり老後を過ごしているわけです。

今後も増加傾向にありますから、珍しい生き方でも何でもない、誰にも可能性がある、よくある生き方の一つと言えるでしょう。

それなのに、ひとり老後だと聞くと、

「お子さん、いらっしゃるんでしょう？　誰も一緒に住もうとしないんですか？

寂しいでしょうね」とか、「お子さんたち、心配じゃないんでしょうか。うちなんか、親をひとりにしておけないと言って、子どものほうから引っ越してきてくれたんですよ」などと、要らぬ気遣いを口にする人が少なくないのはなぜでしょうか。

「ひとり老後を始めてみたら、こんなに清々しく心地よいものだったんですね」と、にこやかに話す人はたくさんいます。

特に女性は、文字どおり、メリー・ウイドウ（楽しい未亡人）ライフを満喫《まんきつ》する人が多いようです。それまで、子どもと夫中心に生きてきた女性にとっては、ひとり老後は、人生で久方《ひさかた》ぶりに手に入れた〝自由な暮らし〟なのですから。

「寂しいでしょう？」と言葉をかける人も悪気からではないはずです。ただ、ひとりより、子どもの家族と一緒の二世代暮らしのほうが断然いい、と思い込んでいるだけです。

その価値観を他人にまで当てはめるのはちょっと無神経ですが、こうした場合も「人は人、自分は自分」だと割り切り、「お幸せですね」くらいのことを言っておけばいいでしょう。

そして、お腹の中では「私も十分に幸せですよ。これ以上ないくらい、自由に暮らしていますから」とつぶやいていればいいのです。

ところで、よく混同されがちですが、独居《どっきょ》と孤独はまったく別のものです。ひとり暮らしでも、心満たされる時間をともに過ごせる友人がいて、何か助けが必要な時には遠慮なく声をかけられる人がいれば、孤独ではありません。

反対に、いくら家族と同居していても、心が通い合わず、すきま風が吹いているような間柄なら、それこそ孤独です。そして、誰かと一緒にいながら孤独感を噛みしめる暮らしは、逆に、ひとり暮らしとは比べようもないほど寂しいものなのです。

今は、独居老人ばかりに目が行きがちですが、「家族の中の孤独」という高齢者の問題も解決していかなければならない大きな課題になっています。

少しの機転で孤独死は遠ざけられる――「今日も元気」の合図

ひとり老後は、元気なうちはいいけれど「孤独死が怖い」と心配する人もいるようです。でも、ちょっと機転を利かせれば、その可能性をかなり低くすることができます。

ひとり暮らしの七十代後半のある女性は、同じ環境の友だちと、毎日、電話をし合っているそうです。

「元気?」「うん、元気よ」とか、「生きてる?」「まだ、生きてるよ」などとごく短時間の電話です。「生きてる?」「まだ、生きてるよ」はもちろんジョークです。

近所にも親しい人がいて、先日、ちょっと胸苦《むなぐる》しさを覚えた時にはすぐに電話して、「三十分後にまた電話するわね。もし電話がなかったら、ちょっと来てくださらない?」と伝えたそうです。静かに休んでいたら落ち着いてきたので、「ありがとう。もう大丈夫です。ご心配かけてごめんなさい」とまた電話。

実に見事な対処ではありませんか。こんな電話一本で、ひとり老後でも孤独死は避けられるのです。

帝国ホテルの竹谷年子《たけやとしこ》さんといえば、業界では知らない人がいない、有名なベテラン客室係でした。帝国ホテルの歴史とともに歩んできた人で、彼女ほどのサービスができる人はいないと、定年になってからも、ホテル側の求めでずっと客室係として働き続けていました。これだけでも、竹谷さんの素晴らしさをわかっていただけるでしょう。

八十歳近くでついにリタイアし、ひとり暮らしをしている竹谷さんの家を、インタビューのために訪問した人から聞いた話です。

教えられた家を探しながら進んでいくと、冬の寒空なのに打《う》ち水《みず》のしてある家があり、表札《ひょうさつ》を見るとそこが竹谷さんの家でした。

インタビューを終えた後、気になっていたので「表に打ち水がしてありましたけれど……」と口にすると、竹谷さんは表情を和《やわ》らげ、静かな口調でこう語ったそうです。

「あれは、今日も元気ですよ、の合図なの。こんな年齢のおばあちゃんがひとりで暮らしていると、ご近所の方も気になるでしょう」

感服《かんぷく》するばかりの心遣いではありませんか。

こうしたさりげない目配り、心配りがある暮らしが行き渡れば、ひとり老後の人が多くなっても、孤独死の増加にはつながらないはずです。

第5章

「ほど」を知って楽しみ上手になる

――「遊び心」が「ゆたかさ」へと広がる

「シンプルさ」を味わう達人になる——自然と上質なものを求める

日本一の卵《たまご》かけご飯を食べさせるという店があるそうです。放し飼いで自然の草をついばませて育てた地鶏《じどり》の卵は、割り入れた小鉢《こばち》の中でオレンジ色に輝いて盛り上がり、ご飯をいくらでも食べられるほどの美味しさだとか。聞いているだけで、どんな豪華なご馳走よりも、美味しそうな気がしてきます。

少し年齢を重ねてきた人は、シンプルな味わいが心に沁《し》みるようになってきます。なかでも、食べ物においては歴然。京都の上品な漬《つ》け物が手に入ったりすると、ほかには何も要らないという心境になる人もいるでしょう。

また、着るものも同じです。若い時は、目に留まった服が格好いいと思うと、つい買ってしまい、手持ちがどんどん増えていきます。でも最近は、もうこれ以上、服は要らないと思うことさえある……。それが年齢です。

また、いろいろ使いまわしができるようにと、無地のものとか無地に近いシンプルな柄やデザインのものばかり選んでいることにも気づきます。

余談ですが、イギリスでは簡素であることも、紳士《しんし》の心得の一つとされているそうです。ある紳士は、人前に出る時は、いつも上から下まで同じ服装をしていたとか。

一張羅《いっちょうら》なのかと推測するのは、庶民の悲しさ。その紳士は、同じ服を何枚も仕立てさせ、着替えていたのです。でも、誰も着替えたことに気がつかない。そんなおしゃれを楽しんでいたわけです。

こんなシンプルライフもあるのだと、思わずクスリと笑ってしまいました。

話を元に戻しましょう。

シンプルなものを味わおうとすると、自然とその中で上質なものを求めるようになります。余計なものがないだけに、品質が際立って見えてくるからです。また、安易なものや低俗なものは受けつけなくなってきます。

京都でフェルメール展（二〇一一年、「フェルメールからのラブレター展」）が開かれた時のことです。フェルメールは十七世紀のオランダで活躍した画家ですが、綿密《めんみつ》な空間構成と巧《たく》みな光と質感の表現で、今も多くの人の心をとらえています。現在、所在がわかっている作品数は三十数点で、この展覧会でも、フェルメールの作品そのものは三点と、本当に少なかったそうです。

でも多くの入場者は、たとえ三点でも、フェルメールが見たい。そうしたシンプルな目的でやって来たのではないでしょうか。あれもこれもではなく、「これだけ」を目的に楽しむ。これがシンプルな楽しみの醍醐《だいごみ》味です。

もっとも、その楽しみの域《いき》にまで到達するには、あれもこれもと何でも貪欲《どんよく》に楽しむ時期も必要なのかもしれませんね。

人生経験を重ねてきたら、だんだんシンプルなもののよさを堪能《たんのう》する、そんな楽しみ方に移っていきたいものだと思いませんか。

「一日一知」の教え——何歳になっても新しいものと毎日出合おう

昇《しょう》地《ち》三郎《さぶろう》さんという人を知っていますか。一九〇六年生まれで、二〇一三年に百七歳という長寿で亡くなられましたが、晩年まで九州にある「しいのみ学園」の園長として、先生を長く続けてこられました。

先生は、生まれた子どもさんが長男も次男も脳性マヒだったことから、一九五四年に、自費で「しいのみ学園」を設立され、以来、半世紀以上、日本の障がい者教育の第一線に立ってこられたのです。

晩年は奥さん、長男、次男、もうひとりのお子さんの長女も見送られて、ひとり暮らしでしたが、そのことを寂しがったり、不自由だと嘆《なげ》くどころか、「九十五歳で家族をすべて見送ったら、初めて自分の自由な時間を得た。これからが私の青春だ」と豪語され、中国の障がい者教育の支援も始められたというから驚きます。

それどころか、二〇〇五年、数えの百歳を迎えたのを機に、世界一周講演旅行を始め、この講演旅行はその後、四年連続で行なわれたのです。

この驚くべき元気の秘訣は「一日一知」にあると、先生はよく話しておられました。「一日一知」というのは、毎日一つ、何か新しいことを取り入れることだそうです。

「一知」といっても、大学で勉強するような難しい学問を連想することはありません。たとえば一〇〇円ショップに行ったら、シャープペンシル付きのケータイストラップがあった。電話につけておけば便利そうだ。今日はこのペンの存在を知った。これで「一知」に数えていいそうです。

そして、「一日十知」や「一日百知」でなくていい。毎日、たった一つでいい。そのかわり、必ず一つ、新しい知恵や知識と出合おう。こう思っていれば、十日で十知、百日で百知と、どんどん知識が増えていきます。

「最近は一日十忘で、覚えるより忘れるほうが多いくらいだ」と嘆く人もいるかもしれません。その場合は、「一日十一知」をめざして頑張ってみてください。

昇地さんが言いたいのは、何歳になっても新しいものとの出合いをつくろう。ただし、そんなに欲張らないでいい。一日一つ、何かと出合えばいいということでしょう。

昇地さんの「老感を持たない」という言葉も私は好きです。老感とは、歳をとっているという感じです。

普通は「ああ、歳だなあ」と思ったり、口にしたりしがちですが、昇地さんは自分を百歳を超えた老人だなんて思っていませんでした。わからないことがあれば、すぐに辞書を引いて調べる。やりたいことも、まだまだいっぱい。「まだ中学三年生ぐらいの気持ち」とおっしゃられていたそうですから、驚嘆するばかりです。

つい「ああ、もう歳だな」と口にしてしまう人も、昇地さんから見れば「数十年は早い！」と言いたいところでしょう。みなさんも、百歳から見ればまだまだ若いはず。老感を持たず、自分のしたいことをどんどん追いかけましょう。

「多趣味は無趣味」に通じる——忙しいばかりで実がならない？

現役を引退して少し時間ができたからと、趣味の活動を始める人がたくさんいます。もちろん、これまで仕事や家事、子育てなど、思うままにならない時間を過ごしてきたのですから、これからはどんどん好きなことをすればいいのです。

とはいえ、月曜日から金曜日までぎっしり習い事や趣味の活動で埋めつくし、週末は車を走らせて遠方に写真撮影に行ったり、ハイキングに出かけたり……。

そんな大忙しの日々を送っているシニアにも、不自然さを感じてしまいます。

どこが悪いのかと言われると困るのですが、これでは、以前と同じように「時間の奴隷」になっているのではないでしょうか。

もう若くはないのですから、趣味は多ければいいというものではありません。あれもこれもと欲張るよりも、本当に「自分がやりたい」と思えるものだけに、絞り込んだほうがいいかもしれませんね。

そのかわり途中で放り出さず、いつまでも続けていくことが大事です。三年、五年と続けていくと、自分でも予想していなかったような展望《てんぼう》が開けてくることがあります。

これは、あるデザイナーの話です。

若いころから猛烈な働きぶりだったので、人生の後半はゆったり楽しみたいと五十代半ばに早めにリタイアしたまではよかったのですが、初めのうちは時間を持て余すのが怖いばかりに、毎日、趣味やカルチャースクールのスケジュールを入れていました。

ところが、一年もすると、自分の毎日の過ごし方は決して充実しているわけではないと気がついたのです。

習い事には宿題が出ることもあれば、次の週までに準備をしなければならない場合もあります。結局、いつも「あれをしなくちゃ、これもしなくっちゃ」と時間的にも気持ち的にも余裕を失い、仕事をしていた時と同じように、疲れ果てているではありませんか。

そこで、こうした生活にピリオドを打つため、趣味の一つの「能面打《のうめんう》ち」だけを残し、一心に打ち込むようにしました。

「別にお能に造詣《ぞうけい》が深かったわけでもないんです。でも、残すならこれだな、と直感的に思えたので」

早いものでそれから十数年がたち、その間に、能のお稽古《けいこ》も始め、今では地方の行事とはいえ、近くの神社で開かれる薪能《たきぎのう》の世話役として活躍しています。その途中には、大学の集中講座で世阿弥《ぜあみ》の講義を聞いたり、読書会に参加したりもしたそうです。

もっと素晴らしいのは、能を中心に、どんどん人間関係が広がっていること。一本の苗《なえ》を丹念に育てていくと、やがて枝葉《えだは》が大きく広がり、全体を覆っていく。ちょうどそんな感じでしょうか。

多趣味に走って諸事《しょじ》に追われるより、一つの趣味をじっくり育てていくという道も、深い充実感を得られるものなのですね。

「もう少し……」と余韻を残して引き上げる――次回につなげる

話せば話すほど、話し足りない気持ちになって、つい、もう一軒行こうかとなる。その結果、「軽く……」のつもりが予想以上に遅い帰宅になって、その夜に予定していたことができなくなり、深く後悔してしまう……。私にも身に覚えがあります。

これは自分だけでなく、相手もきっと同じ思いのはず。いくら話が弾んでも、いくら楽しくても、「切り上げ時」というものがあると、肝《きも》に銘《めい》じておかなければなりません。

自由な時間がたっぷりあるからと、シニアの人間関係はついつい長く、時にだらだらと、遅くまでになりがちではないでしょうか。

外で会っておしゃべりを楽しむ場合も、誰かが「もう一杯、コーヒーを頼まない？」とか、「もう一軒行きませんか？　ケーキの美味しいお店があるの」などと言い出した時こそ、切り上げの目安でしょう。

さすがにコーヒー一杯では長逗留《ながとうりゅう》すぎると感じるほど、時間が経過したということなのですから。

よそのお宅をお邪魔した場合、「そろそろ……」と腰を上げようとすると、「まだ、いいじゃない？」と引き止められることがあります。これも、引き止められるうちが華《はな》です。本当に「もう少し……」と相手が思っていることが伝わってきた場合でも、そのあたりで切り上げるほうが好印象を残すでしょう。

もう少し話したい気持ちがあるのなら、「じゃあ、ぜひ近いうちにまた……」と切り上げればいいのです。これが、次に会うきっかけになるでしょう。

楽しみは一度に味わい尽くさずに、何度かに分け、先へとつなげていくほうがずっといいとは思いませんか。

「散歩」という小さな旅――近所にこそ〝隠れた新発見〟がある

テレビで、タレントの男性が、電車の隣駅まで歩いてみるという番組を見ました。ただ歩いていくだけというシンプルなつくりなのに、思わず終わりまで見てしまうほど、引き込まれてしまったのはなぜでしょうか？

丹念に歩けば、わが家のまわりにもいろいろ〝新発見〟はありそうです。そう思い立って歩いてみると、なかなか面白いことがあります。ふだんは足早に通り過ぎていた小さな公園が明治の文人《ぶんじん》にちなむ場所であり、奥に小さな記念碑《ひ》まであることも知りました。

どんどん歩いていくと、都心からそう遠くない地域でもけっこう大きな農地が広がっていて、花農家もあり、季節の花が咲いています。

休みの日には、どんどん歩いていく「散歩旅」もいいものです。普段は駅に向かって真っすぐ歩くことがほとんどですが、まるで反対方向など、行ったことがない方向へ歩いてみると、実にさまざまな店があるのに気づきます。

「手づくり時計の店」とか「手織《てお》り工房」。住宅地の真ん中に、家の一部を改造した「ネコグッズ専門店」があるかと思えば、「犬用のケーキ屋」もあるのです。

こうした場所で、こんな店をやってみようと思い、しかも実際に店をオープンさせた人はどんな顔をしているのだろうと、興味はさらにつのります。すると、次の週末にはまた出かけて、今度はお店に入って試しにちょっと買い物をし、店主と話をしてみたくもなります。

軽く小半日《こはんにち》ぐらい歩けば、運動不足の解消にもなるでしょう。散歩という小さな旅は、なかなかいいものですよ。

「年中行事」を楽しむ――過ぎゆく日、時の流れを大切にする思い

知り合いから、メールと写真が送られてきました。写真はお月見団子《つきみだんご》で、ススキやリンドウなどの花も見えます。添えられたメール文には、

「今日は仲秋《ちゅうしゅう》の名月。ごらんになりましたか？　今年の月はことのほか美しいですね。『明月や　とびはなれたる星一ツ』子規《しき》」。

元国鉄《こくてつ》総裁の石田礼助《れいすけ》の生涯を書いた城山三郎《しろやまさぶろう》の小説に、『粗《そ》にして野《や》だが卑《ひ》ではない』（文春文庫）がありますが、こんなメールを送ってくれる知人の暮らしは言うならば、「素《そ》にして閑《かん》だが貧《ひん》ではない」でしょう。

この人の日々をゆたかなものにしているのは、季節の行事を暮らしに上手に取り入れ、楽しんでいることだと思います。

たとえば、この日も、今日は仲秋の名月だということなど念頭になく、あたふたと暮らしている人が多い中で、ススキやリンドウを月に供《そな》えることを忘れていません。ひょっとしたら、月見団子は自分の手づくりかもしれませんね。

ひな祭りの日には、リビングのサイドボードの上に小さなお内裏《だいり》さまを飾り、散らし寿司をつくって楽しんだり、五月五日にはしょうぶ湯、冬至《とうじ》の日にはゆず湯《ゆ》に入る……。こうした小さな楽しみが、この人の日々を限りなくゆたかなものにしているのです。

年中行事は宮中の祭祀《さいし》などをルーツに、平安貴族などが楽しい行事に発展させたものがほとんどです。その行事に心を遊ばせながら、花を飾ったり、簡略化しながらも行事料理をつくる。その遊び心が、ゆたかさへと広がっていくのではないでしょうか。

年中行事を採《と》り入れた暮らしには、過ぎゆく日々や季節、時の流れを大切にしようとする思いも込められているように感じます。

「今月の行事はあれとこれ」と楽しみにして、一日一日をかけがえのないものとして愛《いと》おしんでいるのです。

さて、今月はどんな行事があるだろう？　さっそく暦《こよみ》をチェックして、自分なりに楽しんでみませんか。

「ナマに触れる感動」を——リアルの持つ力だから心に強く響く

久しぶりに故郷で旧《きゅう》のお盆を過ごしてきた友人が、こんなことを言い出しました。

「田舎はちっとも変わっていないなあ。ほっとしたよ」

地域の中心あたりにある広場には盆踊りの櫓《やぐら》が組まれ、ヨーヨー釣《つ》りやワタアメ、焼きそばなどの屋台も出る。夜には花火も上がり、都会の花火大会よりも花火の色がずっと夜空に鮮明《せんめい》に見えたそうです。

田舎を持つ人は幸せですが、もう一つ、改めて実感したことがあるそうです。

「やっぱり、ナマは違うんだね」

盆踊りの間に、演歌《えんか》歌手の実演があったそうです。「紅白《こうはく》出演歌手」と銘打っていたものの、それはかなり昔のこと。はっきり言えば、今ではほとんどテレビで見ることもない歌手と言えるでしょう。

「でも、歌はすごかったんだ。さすがにプロは違うもんだと感心したよ」

友人によれば、前座《ぜんざ》で歌った売り出し前の若い歌手も、素人とは一線を画した歌唱力だったそうです。

プロとアマの力の差以上に強く感じたのが、ナマに触れることの感動でした。目の前で、生身《なまみ》の人間が汗を光らせ、体をいっぱいに使って歌っている。その感動は歌の巧拙《こうせつ》を超えて、心に響《ひび》いたというのです。

ナマの感動は違う。これは私も同感です。歌でも踊りでもスポーツでも、目の前で実際に人が一生懸命に演じている姿、戦っている姿に接すると、自分の心に強く伝わってくるものがあります。

絵画などの鑑賞《かんしょう》についても、同じことが言えるのではないでしょうか。ほとんど名前も知らないような画家の作品でも、展覧会で実物を見ると、そのタッチやリアルな筆《ふで》遣いから何かが伝わってきて、その何かから元気をもらうことも多いのです。

地域で行なわれるリサイタルや展覧会も多いはずです。ぜひナマに触れてみてください。

「やっぱり贅沢も大事」——老いてキャパシティが衰えるからこそ

ある一流ホテル内にある店で食事をすることを、楽しみにしている知人がいます。会席《かいせき》料理の店ですが、ホテルの出店なので本店よりずっと敷居は低く、コースで一万五〇〇〇円くらいから。お酒などを頼むと予算はもう少しふくらむかもしれません。

知人はご主人を早くに亡くし、当時高校生だった一人息子を育て上げ、今はひとり暮らしをのんびりと楽しんでいます。早く亡くなったご主人の遺族年金などで支える暮らしは贅沢三昧《ざんまい》とは言えないようですから、その名店での食事も年に数える程度でしょう。

「何が素晴らしいって、ここのお吸《す》い物をひと口いただくと、体の奥底まで沁みわたっていくような味わいなんです。〝口福《こうふく》〟とはこのことかと思うくらい。ほかのお料理ももちろん素晴らしいんですけれど、私はここのお吸い物をいただくのがいちばんの楽しみです」と静かに話します。

別の知人は、お見合いの話がまとまった時に「毎月、歌舞伎《かぶき》を見に行かせてください」を結婚の条件にしたという逸話があるくらいの歌舞伎好きです。この人もすでにご主人を見送り、子どもは独立。二匹の犬が家族という暮らしです。

今も歌舞伎好きは変わりませんが、経済的にも体力的にもほどほどにと、最近は贔屓《ひいき》の役者が出る時だけに決めているそうです。

そのかわり、席は一等席。何千円かの年会費を支払って、一般発売より早く切符を買う特典を確保し、舞台にも花道《はなみち》にも近い、最高の席で見るようにしているそうです。

年齢とともに、さまざまな自分のキャパシティが衰えてくるのは、いわば自然現象です。そうした中でどこか一点、これだけは贅沢にというものを持っていると、気持ちが浮き立ち、つつましい普段の暮らしも心ゆたかに感じられるのではないでしょうか。

あれもこれもつつましやかに、では息切れしてしまいます。どこか一点か二点だけでもいいから、長い人生、思いきり贅沢を楽しみましょう。

第6章

シンプルに「心を澄ませて」生きる

――まわりの一つひとつに「感謝」を

「せぬ隙が、面白き」——ただいるだけで無視しがたい存在感を放つ

七十歳をいくつも超えたような俳優《はいゆう》が、若い人に一歩も退《ひ》かず、素晴らしい演技を見せてくれることがあります。老いて容貌《ようぼう》が衰えることはあっても、それを補ってあまりある自信や存在感を放つようになり、その場にいるだけで、舞台を引き締《し》めている。その存在感は、どこからきているのでしょうか。

地域のボランティア活動の一環で、市民ホールの活動の手伝いをしている知り合いから、こんな話を聞いたことがあります。

市民ホールで、いわゆる往年《おうねん》の名スターのリサイタルが開かれることになり、お手伝いに駆り出されたそうです。お茶の世話などで楽屋《がくや》に入ったところ、そのスターが支度《したく》を終えて、出番を待っているところだったとか。

「最初、どこのおじいさんだろうと思ったくらい、普通のおじいさんだったわ」

容赦《ようしゃ》がありません。でも、彼女の言葉には続きがあります。

「ところがね、舞台に立ったら、いきなり変わったのよ。声はかつての張りはな

いし、動きもどこかとろい。でも、見せる。長年舞台に立ってきた人ってすごい」

肉体の衰えはいわば自然現象です。でも、人間はその衰えを超越できる知恵や技を持っています。その知恵や技で、いつまでも見せる芸を披露《ひろう》する。それこそ心意気、長年積み上げてきた芸の見せどころなのでしょう。

老年になっても、人を引きつける芸を見せる秘訣を、世阿弥《ぜあみ》は「せぬ隙《ひま》が、面白き」と表現しています。

『花鏡《かきょう》』にある言葉で、世阿弥によれば、老年になったら、人の目に映《うつ》る美は衰えてくる。体の動きも鈍《にぶ》くなってくる。でも、業と業との間の「せぬ隙」に気を配り、そうした衰えを補い、心や芸の張りを保っていかなければならない。

この業と業との間、「せぬ隙」の充実感を保つことが面白い。それが老年の芸の円熟《えんじゆく》というもので、芸を追う者がめざすべきものだ、と語っているのです。

普段の暮らしでも、いつまでも若い時と同じようにはいきません。だからと言って、すべて若い時と同じようにしなければならないと懸命に頑張る必要もないと思います。

若さと「競《きそ》う」ことはもうやめていい。若さにこだわればこだわるほど苦しくなり、やがて、どうしても力及ばないところが綻《ほころ》びとなって目立ってきます。

ある程度の年代になったら、もう多くを語らなくても、多くのことをやらなくてもいいのです。それでも、仮に何もしなくても、無視しがたい存在感を放っている。それこそが老練《ろうれん》な生き方であり、見せ場なのです。

必要以上に若ぶったり、若い人と同じようにはしゃぐのは、むしろ老いを目立たせる結果になっていることも多いと知っておきましょう。

そうではなく、一歩控《ひか》えて端然《たんぜん》としているくらいのほうが、成熟を感じさせ、強い印象を残すものです。

まわりに煙《けむ》たがられるわけではなく、軽んじられるわけでもなく、さらに重いわけでもない。でも、いるだけでその場がどことなく引き締まる……。

そんな〝張りのある存在〟になっていくことが、年齢を重ねる意味だと考えてはどうでしょうか。

「寂しさは紛らわさず受け止める」――本質的な解決にはならない

高齢者のパチンコやマージャンへの依存症は、かなり前から話題になっていました。それにしても、シニア層がついにゲームセンターにも通い始めたという新聞の記事は、私にもちょっと驚きでした。

中学生や高校生が遊びに行くところだと思っていたゲームセンターですが、数年ほど前から高齢者の利用が増えはじめ、今では平日昼間の利用者の八～九割は高齢者で占められるところも珍しくないのだとか。弁当持参で来て、数時間は滞在し、仲間になった人たちと雑談をして過ごす人も多いそうです。

記事には「ひとりで家にいるとボケてしまうけど、ここでゲームをしていれば、ボケ防止になり、時間を忘れられる」というお年寄りのコメントも添えられていました。

「ひとりでいる→退屈→ボケる」という構図はたしかにあり得ます。寂しさは、時には人の心を蝕《むしば》むケースがあるからです。

だからと言って、なんとか寂しさを紛《まぎ》らわそうとするばかりでは、本質的な解決にはなりません。本質的な解決とは、ひとりでいる寂しさを、しっかり受け止めることだと思います。

これまで再三書いてきたように、実はひとり暮らしほど、自由で気楽なものはないのです。でも、物事には何でも光と陰がある。自由で気楽な部分を光だとすれば、寂しさや退屈はひとり暮らしに潜《ひそ》む陰です。

いや、寂しさは、ひとり暮らしのシニアだけを襲う感情ではありません。ある意味、人は誰もが本質的に〝寂しい存在〟ではないでしょうか。なにしろ、たったひとりで生まれ、たったひとりで死んでいくのですから。

その寂しさを受け止めながら、心静かに時間を過ごすことも大事です。ひとりで時間を過ごしていると、自然と、自分自身の深い部分を見つめるようになっていきます。ごまかしのない、本当の自分が見えてくるような気がします。

静かに読書をしたり、音楽を聴いたり、何もしないでぼんやりしているのでもいい。ひとりで過ごす時間は、まぎれもなく自分自身の時間であり、他の誰にもわずらわされない時間です。

特にやりたいわけでもないことで寂しさを紛らわすのではなく、時にはこうした時間を持って、寂しさを正面から受け止めることも大切だと、ぜひ知っていただきたいと思います。

数行でも日記を――毎日「小さな喜び」を見つけられる名人に

「何となく空しい、心に空洞《くうどう》がある」という思いにとらわれがちな人は、日記をつけると、ずいぶん違ってくるはずです。

日記といっても大げさなものではなく、手帳に数行書くのでもよし、小型のノートに書くのでもよし。もちろん、毎日欠かさず書く必要もなく、パソコン上のブログでもいいと思います。

たとえ数行でも日記を書こうとすれば、その一日をざっと振り返ります。別に特別なことがなかったような一日、普段ならただ退屈だったと感じるような一日でも、改めて日記を書こうと振り返ってみると、それなりにいろいろな出来事があったなと気づくはずです。

ただし、シニア期からの日記は、青春期の日記のように悩みや葛藤《かっとう》を書くのはやめましょう。書いていて気持ちがいいこと、幸せになれることだけを書く。するとそれだけで、今日一日が本当に幸せな一日へと化けていくのです。

この歳になると、あれもダメ、これもいけない、自分の思うようにいかないということばかりが多く、そんなにいいことなんかないなあ……でしょうか？

でも、ある高齢の作家が、最近は「朝、気持ちよく小水《しょうすい》が出ると、それだけで幸せだと思える」と何かに書いていましたが、同感の人も少なくないのではないでしょうか。

ある飲み屋のおかみさんは、そろそろ八十に手が届くという歳ですが、毎朝、味噌汁の実を摘《つ》んでくることを楽しみにしているそうです。軽い糖尿病《とうにょうびょう》があるため、医者に毎日、散歩するようにと厳しく言われ、万歩計をつけて散歩に出かけるのです。でも、糖尿病のための散歩だと思うとちょっと心がめげてくる。

そんなある日、ふと足元を見ると、ハコベ（繁縷）が芽吹いているのが目に留まりました。二、三本摘んで朝の味噌汁に浮かべてみると、けっこう力強い香《かお》りを放つことに感動。以来、散歩の途中で食べられる野草《やそう》探しという楽しみを一つ見つけた、というわけです。

パターゴルフで、いいスコアが出たことが嬉しい。シルバーセンター主催の句《く》会《かい》で、初めて自分の句が読み上げられた日はもっと嬉しい。日記にはそんなことを書けばいいわけです。

こうして、一日一日を振り返り、いいことを見つけて日記に書く。そんな毎日を繰り返していくうちに、それまで見過ごしてしまっていた〝小さな喜び〟を見つける名人になっていくはずです。

何か一つでもいいことを書き記せば、その日は〝赤丸〟をつけたいほどいい日になる。人間なんて、呆れるほど単純な生き物かもしれませんね。

日記をつける小さな習慣から、人生を楽しむ名人への道が開けていくのではないでしょうか。

心のゴミを一掃——ネガティブな感情は「習慣づけ」で消せる

怒りや悲しみ、苦しみ、嫌悪《けんお》……。こうした感情は、できればないほうがいいものです。すぐにでも捨て去りたい感情で、心に生まれたゴミにもたとえられるでしょう。

ゴミは出た時にすぐ捨ててしまえば、散らかることがなくいつもきれいです。心に生まれたゴミも同じです。ネガティブな感情はその感情が浮かんだ時、すぐに消し去っていけば、心を乱すこともなく、穏《おだ》やかに過ごせます。

ネガティブな感情を心の中から消してしまいたい場合は、白い紙などにその感情を書き出します。それから、太いサインペンなどでグシャグシャと塗《ぬ》りつぶして消してください。

「そんな子どもだましでいいなら、苦労はしないよ」という声も聞こえるようです。しかし、この方法は、カウンセリングなどで使われている心理学メソッドの一つです。

たとえば、どうしても苦手な人、嫌いな人がいるのだが、なんとか苦手を克服し、人間関係を改善したい。こうした場合も、その人の名前を書き、次にその名前を塗りつぶす、あるいは、二本線などを引いて消し、さらに「本当は大好き！」とか、「今では大好き！」などと書くといいのです。

人間の感情はあんがい、素直というか単純なもので、これを何回も手を使って繰り返しているうちに、自分でも「そうかな」と思えてきて、しだいに相手が苦手ではなくなってきます。少なくとも大の苦手、大嫌いではなくなるでしょう。

逆に言えば、普段から「嫌い」とか「絶対にイヤ」など、拒絶的な言葉をできるだけ使わないようにすることも、心にゴミを溜めない方法の一つです。

こうした心のゴミを一掃《いっそう》してしまう言葉もあります。それは「ありがとう」と「ごめんなさい」です。感情がギクシャクしてきたら、「ありがとう」と口にしてみると、心がすっと落ち着くのがわかります。

「ありがとう」「ごめんなさい」はどんな場合にも、まず口にしたい言葉です。特に何もなくても、大事な人には「ありがとう」を繰り返し言うようにしてみましょう。

この言葉が口癖になり習慣となるころには、怒りや悲しみなど、ネガティブな感情や発想はあまり心に浮かんでこなくなり、いつも穏やかな気持ちで過ごせるようになっていきます。

「和顔愛語」の習慣を——都合のいい時だけ〝微笑む〟のは難しい

知り合いの女性が「最近、居間《いま》とトイレの間にある柱に鏡《かがみ》を取りつけたのよ」と話していました。少し前に、遊びに来た孫に「ばあばはどうしてお顔に線《せん》があるの？」と聞かれたことが発端《ほったん》だったとか。

はじめ、顔の線とはシワのことと思い込み、小学校にも行っていない幼い子とはいえ、ちょっと失礼だと、内心憤慨《ふんがい》しかけたそうですが、「どこに線があるの？」と聞いたら、「ここだよ」と、お孫さんは自分の眉間《みけん》を指でさしたというのです。知らず知らずに、彼女は眉間にシワを寄せるクセがついてしまっていたらしいのです。いわゆる〝しかめ面《つら》〟ですね。

眉間のシワは、老眼《ろうがん》などでものが見えにくいことが増え、つい目を細めて見るクセからついてしまったようです。

原因はともかくとして、しかめ面は相手に決していい印象は与えません。大急ぎでこのクセを直さなければということで、鏡の出番になったのです。

リビングとトイレの間は、日に数回は通り過ぎるところ。ここを通るたびに、鏡に向かってにっこりと〝最高の笑顔〟を浮かべるようにし、明るくやわらかい表情を取り戻そうという作戦です。

「和顔愛語《わげんあいご》」とは、『無量寿経《むりようじゆきよう》』というお経の中の言葉です。「無量寿」は阿弥《あみ》陀仏《だぶつ》のことで、無明《むみよう》の現世をあまねく照《て》らす仏。「和顔」はおだやかな顔、なごやかな顔。わかりやすく言えば、心に笑みを含んだ表情、明るい気持ちでいる顔です。

「愛語」は相手の心にやさしく響《ひび》く言葉。愛情に満ちた言葉や語調のこと。

表情や言葉は日ごろのクセがついそのまま出てしまうもので、相手に向かった時だけ都合よくそうしようと思っても、なかなかできないもの。きれいに装《よそお》い、上品そうにふるまっていた女優さんが、すぐ隣の付き人などにひどい言葉を投げかけているのを見たとか、そういう話を耳にすることがありますね。

心の中は、必ずどこかで出てしまうもの。だから普段の生活が大切なのです。ひとり暮らしでも、鏡に向かってにっこりする習慣はつけられます。独り言をつぶやく時も、できるだけ「愛語」を心がけましょう。

人と「比べない」生き方――自分に必要か？ 自分が欲しいのか？

ある老婦人の家に招かれた時のことです。お住まいは想像していたより小さく古く、家具や調度《ちょうど》もちょっと古いものが置かれています。そのためか、どこか懐かしくなるような雰囲気が部屋中に漂《ただよ》っていました。

リビングキッチンに通されたので、どうしても視界に入ってしまうのですが、冷蔵庫や電子レンジもかなり前の型《かた》。テレビも薄《うす》型ではなく、どっしり厚みがある旧型テレビ。聞けば、地デジ化後はチューナーを通して見ているそうです。

しかし、決して豪華でも新しくもないのに、日ごろから掃除や手入れが行き届いているようで、心を込めて人が手入れした部屋特有の、何とも言えない安心感があるのです。

夫と別れて、アパレル関係の仕事をしながら娘さんを育てあげ、今はのんびりひとり暮らし。この暮らしぶりは別に経済事情からではなく、彼女が選び取った姿勢なのでしょう。

「私、よそやまわりと比べて自分がどうこうと考えないタチなんです。だから、何でもこれでいいやと思ってしまって、気がつくと古いものばっかり……」

この女性が、今の暮らしで十分満足していることが伝わってきます。

手元にあるものと新しい商品を比べると、それは新しい商品が欲しくなるかもしれません。でも、手元のものが壊れてしまったならともかく、ちゃんと働いてくれているのに、新しいものを買って古いものは捨てる。こういう考え方やライフスタイルは、社会から弱者（高齢者も含まれる場合があるのです）を排除する発想につながりやすいものです。

人と自分を比べることもほどほどにしましょう。人はそれぞれです。劣等感という救いのない感情は、人と比べすぎることから生まれると思ってください。

私の子ども時代は「あれが欲しい、○○ちゃんだって持っているから」とねだると、「卑《いや》しいねだり方をしてはいけません」と怒られました。○○ちゃんなどを引き合いに出さず、「自分が欲しい」と言うべきだと叱られたことがあります。

「比べない生き方」を貫くのは難しそうですが、できるだけ、そうありたいと思います。知人の暮らしの清々しさに、改めてそんな思いを抱きました。

「小さな命を育てる」——人間が特別な存在ではないことに気づく

ある医師は、研究室の窓辺《まどべ》でメダカを飼っています。メダカの住まいは大きめのガラスのジャー（壺《つぼ》）。一〇〇円ショップで見つけたものだそうです。ランチタイムにふらりと入った鑑賞魚店《かんしようぎよ》でメダカを見かけ、思わず買ってしまったと言います。

最近はメダカも鑑賞用魚として品種改良が進められ、緋色《ひいろ》のヒメダカ、胴体が白いシロメダカ、アオメダカ、色素《しきそ》細胞を持たず、透明感が高いアルビノメダカなど、さまざまな種類があるそうです。

つがいで買ったらちゃんと産卵し、小さな稚魚《ちぎよ》が孵《かえ》って、すっかり感動していました。ところが、メダカの親は稚魚を食べてしまう習性があると教えられ、あわててもう一つ水槽《すいそう》を増やし、稚魚を隔離《かくり》。今は毎日、稚魚の成長ぶりに目を細めています。

別の知人は、果物の種の栽培に凝《こ》っています。発端はある日、鉢植《はちう》えの花の根元に小さな芽が出ているのに気づいたことから。楽しみに育ててみたらちゃんと花も咲かせ、なんともいい香りを放ちます。

顔を近づけると、よく知っている香り。そう、グレープフルーツの香りだったのです。以前、グレープフルーツを食べた時に、なんとなく手近な鉢に種を捨てたことがあったのでしょう。

それ以来、フルーツの種の発芽《はつが》にはまってしまい、いろいろ試したそうですが、今のところ、発芽率はそれほど高くはない。でも、発芽すると、その後はびっくりするほどの勢いで育っていくと、嬉しそうに話します。

だんだん経験するにしたがい、たとえばアボカドの種のように大きい種は少し割って、たっぷり水を与えると発芽に成功することが多いなども語っています。

小さな命を育てている人は、例外なく、その小さな命を愛《いと》おしむようになります。朝に夕《ゆう》に見ていると、どんなに小さな命でもたくましく生きていて、与えられた環境の中で成長し、懸命に次世代の命を生み出そうとしているのに気づくのです。その姿はけなげで、感動的と言えるほどです。

地球上には現在、約五〇〇万種のさまざまな生き物がいるそうです。しかし、

DNAを調べると、この多種多様な生命は本質的にはどれも同じ生き方をしていることがわかってきました。生物に高等も低級もない。どの生命もかけがえのない生命体なのです。

人間だけが特別な存在なのではありません。人間が自然を操作しているとか、あるいは操作できるなどと考えることは傲慢《ごうまん》にすぎるのです。

小さな命の営《いとな》みを見守っていると、人の傲慢さを意識するようになり、同時にどんな命でもかけがえのない価値を持っているのを強く感じるようになります。

「老い」も「死」も自然なこと——新しい生命につながっている

大変なペットブームです。統計によると、日本では現在、二〇〇〇万匹《ぴき》近いイヌ、一七〇〇万匹近いネコが飼われているそうです。

日本の世帯数は約五〇〇〇万世帯ですから、単純に計算すると、半分以上の家庭にイヌかネコがいる勘定《かんじょう》です。もちろん、複数匹いたり、イヌもネコもという家庭もあるので、あくまでも単純計算です。

精神科医の立場から言うと、経済的な事情などはさておき、ペットを飼うこと自体は大いにおすすめです。なぜなら、イヌもネコも人よりずっと寿命が短い。だいたいは、彼らの死を人が看取《みと》ることになります。

どんなに愛情を注《そそ》いでも、命あるものはいつか死んでいく。このことを心に植えつけるのは、自分がどう生きていくかを考えるうえで「心の核《かく》」になる。私はそう思っています。

逆説的な言い方になりますが、生きていくことを真剣に考えるためには、死がどんなものであるかを知ることが大事なのです。小さな子どもにも死はどういうものかちゃんと見せ、自分や大切な人でも、命はいつか終わるものと教えていきたいと思っています。

なかには、ペットの死を受け止められず、ペットロス症候群になってしまう人もいます。ちょっと乱暴な言い方になりますが、私たちのような精神科医も回復のお手伝いをしますし、一生、ペットロスから抜け出せないことはありません。ペットロスを乗り越えることも、死を受け止める一環だと考えられるでしょう。

死はたしかに悲しく、寂しいのですが、避けて通ることは絶対にできません。

動物の中には、子孫を残すと同時に、自らは死んでしまうものさえあります。死は〝新しい生命〟につながっている。死があるからこそ、次の新しい生命が生まれてくる。それが生命の連環《れんかん》と言われるものです。

老いも死も、生命体にあらかじめ組み込まれた定《さだ》めです。いわば自然です。歓迎するものではないけれど、否定すべきものでもありません。自然のものは自然に受け止める。それが本当の知性ではないでしょうか。

「あきらめる」は「明らめる」——自分の気持ちを前に進める選択

人生には、人の力、特に個人の力ではどうにもならないことがあります。そんな時に人ができることはたった一つ。あきらめることです。こう言うと、大ブーイングを受けそうですね。

もっと正確に言うと、「あきらめる」ではなく「明《あき》らめる」。もともとは物事の原因などを明らかにする、はっきりさせるという意味です。

何かが起こった時、原因がわからないまま、言い合うことほどムダはありません。原因がわからないから解決方法もわからない。それなのに、ああでもない、こうでもないと考えを巡《めぐ》らす。これは混乱や大きなストレスのもとになるだけです。

やがて原因がわかり、これしか解決の方法はないと理解できれば、気持ちはすっきり落ち着きます。こうした境地《きょうち》に到達すれば、たとえ、その方法を試みてうまくいかない場合にも、その結果を受け入れられるのです。

これが「あきらめる」ことです。そして、あきらめを受け入れれば葛藤《かっとう》はなくなり、新しい方向性を探る気持ちも湧いてきます。

このように、「明らめる」気持ちから生まれた「あきらめる」は、後ろ向きの選択では決してなく、気持ちを前に進めてくれる選択になるはずです。

医師は時に、つらいことを患者さんにお伝えしなければならない場合がありま す。がんの余命《よめい》宣告もその一つです。

がんの治療法は現在、革新的に進んでいます。それでも残念ながら、まだどうしても完全に撃退できないがんもあります。

また、なかには、積極的な治療は望まないという選択をする人もいます。そういう場合には、およその余命が読めるケースがあるのです。「あとどのくらい……でしょうか」と尋ねられて、「来年の桜はご覧になれると思いますよ」と答える……。これは暗に、桜が散った後は、そう長い時間は残されていない、ということを伝えています。

この言葉を聞いた患者さんが最初に言った言葉は、なんと、「あら、嬉しい」でした。「大好きな人たちとゆっくりお別れができますね」と言うのです。

病気がわかってから長いこと病気と闘ってきて、刀折れ、矢尽きた、そんな状態の人でした。だから、きっともう「あきらめて」いたのでしょう。心の整理がついて、これからの筋道《すじみち》もよく見えてくる……。そこで、こうした明るい言葉が出てきたのではないでしょうか。

残された日はきっと月光《げっこう》に照らされたように、静かに澄《す》んだ明るさに満たされたものになると思っています。

自然に死んでいく——「よく生きた一生」は安らかな死をもたらす

病院ではさまざまな原因による、さまざまな年齢の、さまざまな死が、それが日常であるかのように、毎日起こり、繰り返されていきます。医者にとって死は一つの敗北。患者さんを救うことができず、ご家族をも深い悲しみに落としてしまう……。長いこと、そうした思いを、どこかに引きずっていたように思います。

ところが、最近、社会全体で、死についての考え方がずいぶん変わってきました。なんと表現したらよいのかわかりませんが、言うならば「満たされた死」とでもいうものがあることが、少しずつ広がってきていると感じられるのです。

死を恐れ、不安に思う気持ちは、もちろん大きなものだと思います。しかし、死ほど平等なものはなく、富める人も貧しい人も、強きにも弱きにも、例外なく訪れるものなのです。

死が近づいてくることを本能的に察知《さっち》する人も少なくないのですが、ほとんどの場合、うろたえたり、怯《おび》えたりするのは一時で、やがて心静かに命を閉じます。「ありがとう」と感謝の言葉さえ口にして。

残されたご家族はもちろん、悲しく寂しい。でも、その悲しみ、寂しさの底にも静かな納得があるのです。医療側も、命の営みに最後まで寄り添うことができたという思いがあり、残念な気持ちは強く持つものの、敗北感を感じることはまれになってきています。

これまで医療は、医療技術を駆使して、一分一秒でも患者さんの命を長《なが》らえることこそ、使命だと考えてきたところがあります。ところが最近は、そう望まない方にはそれをしない。そういう医療が開けてきているのです。

新しい医療でもっとも象徴的なのは、最期を迎える場が病院ではなく、自宅であるケースが増えている点でしょう。昔から「畳《たたみ》の上で死にたい」と言ったものです。自宅で迎える安らかな最期は、望むべき死の姿の一つでしょう。

自宅で人生最期の瞬間を迎える人が増えてきたのは、在宅医療の発達により、それを望むならば重篤《じゅうとく》な患者さんも家庭で診療できるようになったためです。

ある在宅医療医は、在宅医療を「家庭が病室。そのお宅に伺《うかが》う道路が廊下」と表現しています。医師は三百六十五日、二十四時間体制で控えています。複数の医師の輪番《りんばん》ですが、これは一般の病院と同じ。患者さんの求めに応じてすぐに駆けつけ、必要な医療を行ないます。

末期のがんなど、難しい病気の患者さんの最期を見送る場に立ち会うことも多いのですが、緩和《かんわ》ケアなどを行ない、患者さんが望まれる形にいちばん近い人生の終わりを実現するように、力を尽くしています。

そこに見る死は、決して忌《い》むべきものでも恐ろしいものでもなく、自然で穏やかそのもの。運命にあらがわず、必要以上に生にしがみつかず、自然に命の火が消えるのを見守るのです。

こうした時の流れに身を置くと、改めて生命の尊《とうと》さを感じることがあります。

ある禅僧は「死とは、襖《ふすま》でへだてられた隣の部屋にふっと行くようなものだ」と語ったそうです。その襖が二度と開くことがないのを除けば、実際、そのくらい淡々《たんたん》と流れるように、生は死に移っていきます。

「あたかもよく過ごした一日が、安らかな眠りをもたらすように、よく生きられた一生は、安らかな死をもたらす」と言ったのは、レオナルド・ダ・ヴィンチ。

自分らしく、よく生きていけば死はその先にあり、人は安らかに生から死へと導かれていくのでしょう。

死者と一緒に生きていく――「安らいだ死」へ導いてくれる先達

死んだら、人はどこへ行くのか。灰《はい》になって消えてしまうのか。魂はこの世に残るのか。

同僚の医師が、こんな話をしたことがあります。彼の奥さんは七年前にがんでこの世を去ってしまいました。話とは、その奥さんの友だちのことです。

大学時代からの大の親友だったその友だちは、毎年、奥さんの命日《めいにち》には花と手紙を送ってくるのだそうですが、その手紙が奥さん宛てになっている。まるで、今も生きていて、つい最近も楽しくおしゃべりをした延長線上のような語りかけ。手紙はそんな文面でまとめられているそうです。花の宛名《あてな》もご主人ではなく、亡くなった奥さんの名前です。

「彼女は、家内が死んだことを認めたくないんだろうな」と友人は言います。

そうでしょうか。私は、少し違う解釈をしています。

奥さんの友人はちゃんと親友の死を受け止めている。でも、一年に一度、命日には生きている時と同じように友人と心の中で会話を楽しむ。それが彼女なりの、死者との向き合い方なのでしょう。

誰かの心の中で生き続ける。そして、一年に一度か二度、その人と生きている者どうしのように一緒の時を過ごす。こういう死の受け止め方は、死者にとっても、生きている者にとってもいい形だなと思えてなりません。

歳を重ねると、先輩、同輩、時には後輩の訃報《ふほう》が届くことも増えてきます。そんな時、明日は我が身かもと思う気持ちがゼロだと言えばウソになります。むしろ、「オレもそろそろ……」と思うことのほうが多いかもしれません。

こんな思いを重ねながら、しだいに、自分もやがて死ぬのだということを受け入れていくのでしょう。

三木清《みききよし》は『人生論ノート』（新潮文庫）に、「愛する者、親しい者の死ぬることが多くなるに従って、死の恐怖は反対に薄らいでゆくように思われる」と書いています。

先に逝《い》く人は、後から逝く人を、安らいだ死へ導いてくれる先達《せんだつ》なのかもしれません。

「死は覚えずして来る」――いつのまにか足下に潮が満ちている

死は前触《まえぶ》れもなく、突然に訪れることもあります。

東日本大震災の災害時にも、一瞬のうちに津波にのみ込まれていった多数の命がありました。未曾有の大雨で突然、それまで家が建っていた地盤《じばん》が根こそぎなくなり、人命を奪ってしまったというケースもありました。

もちろん、人の命を奪うのは災害ばかりではありません。

ある人が語っていました。誰かからお誘いを受けたら、都合がつく限り断らないようにしていると。ふと会いたくなった人には、万障《ばんしょう》繰り合わせて会いに行くことも決めているそうです。

高齢になると、心臓発作とか脳卒中《そっちゅう》で突然逝ってしまうこともまれではありません。その人は、数年前に気の合う仲間のひとりから「今日あたり、一杯どう？」と誘われたのに、ちょっと疲れていたので「いや、今日はちょっと……。近いうちに必ず時間をつくるから」と断ってしまったことがありました。

次に連絡があったのは、彼の死を知らせる電話でした。朝、起きてこないので部屋を見に行ったところ、ベッドの中ですでに冷たくなっていたというのです。

兼好法師の『徒然草』に次のような一節があります。

「死期《しご》はついでを待たず。死は、前よりしも来《きた》らず。かねて後ろに迫《せま》れり。人皆《みな》死ある事を知りて、待つことしかも急《きゆう》ならざるに、覚《おぼ》えずして来《きた》る。沖《おき》の干潟《ひがた》遥《はる》かなれども、磯《いそ》より潮《しお》の満《み》つるが如《ごと》し」（第百五十五段）

その少し前の百三十七段には、

「若きにもよらず、強きにもよらず、思《おも》ひ懸《か》けぬは死期《しご》なり」

ともあります。

若い人にも強い人にも、思いがけずに訪れることがある死。しかも、死は背後から急にやってくるというのですから、いったい、どうしたらいいのかと聞いてみたくもなります。

今日一日を楽しむ――「生きている」ではなく「生かされている」

兼好法師は、そんな問いにもちゃんと答えを示しています。

「存命《ぞんめい》の喜び、日々に楽《たの》しまざらんや」（第九十三段）

たしかに生きている日、つまり、今日一日を心から楽しんで生きていればそれでいい。なんと見事な答えでしょうか。あれこれ頭を巡らせてみても、これに勝《まさ》る答えはないように思います。

では、楽しんで生きるとは、いったい、どういうことでしょうか。

どうも最近は、面白いとか楽しいということが、以前とはちょっと違ってきてしまっているように感じる時があります。

テレビでお笑い芸人が提供するトークやコントにお腹を抱《かか》えて笑い転げるのが面白いことで、ゲームに興《きょう》じたり、格安に組まれたバス旅行などで時間を費《つい》やすのが楽しいこと……。

もちろん、そうしたことを面白がり、楽しむのも悪くはありません。でも、そうして時間を費やすだけでは、空しい感情が湧いてこないでしょうか。

私は、本当の楽しみとは自分の心にしっかりと向き合い、自分に嘘《うそ》のない生き方、時間の使い方をすることだと思っています。

目を凝らし、耳を澄ませるのと同じように、自分の心に静かに向き合うと、「自分はこうありたい」というイメージが浮かび上がってきます。その自分に、少しでも近づくように一日を過ごす。それが〝生きる喜び〟を楽しむことではないでしょうか。

もう一つの楽しみは、まわりの一つひとつに感謝すること。これも大きな存命の喜びです。

今日は、死をまぬがれて生きている。それは大きな恩寵《おんちょう》です。

医学という科学の道を選んだ者としては、大きな声で言うべきことではないかもしれませんが、この世界には、あるいはこの宇宙には、はかりしれない大きな叡智《えいち》が働いていると思えてなりません。

今日は死をまぬがれて生きているのは、その大きな叡智のはからいではないか。そう感じると、生きているというより「生かされている」という思いになり、それだけでも、深い感謝に満たされるのです。

朝、気持ちよく目覚めるのができたことに感謝。漬け物と味噌汁、あぶった干物《ひもの》程度の朝食が実に美味しい。そんなことにも感謝。向かっていく職場があることに感謝。出かけていける元気に感謝……。無理やりにではなく、そう努《つと》めているのでもなく、本当にごく当たり前に感謝の念が込み上げてくるのです。

私も人間ですから、無性《むしょう》に腹が立って家人《かじん》に当たってしまったり、仕事場でも忙しさや疲れからイライラしてしまったりすることがあります。でも、こういう日は自分でもまったく楽しくないのです。

できるだけこういう日をなくし、毎日を楽しんで生きるようにしたい。肩を張らず、頑張りすぎず、でも、できるだけ後悔するようなことは避け、明るく、悩まず、毎日をしっかり生きていく。

それが今、誰もがめざすべき生き方ではないでしょうか。

著者紹介
保坂　隆（ほさか　たかし）
1952年山梨県生まれ。聖路加国際病院リエゾンセンター長・精神腫瘍科部長、聖路加国際大学臨床教授。慶應義塾大学医学部卒業後、同大学精神神経科入局。1990年より2年間、米国カリフォルニア大学へ留学。東海大学医学部教授を経て現職に。
著書・監修書に、『人生の整理術』『老いを愉しむ習慣術』（以上、朝日新書）、『毎日が笑顔になる「ひとり老後」の始め方』（経済界）、『「頭がいい人」は脳のリセットがうまい』（中公新書ラクレ）、『「プチ・ストレス」にさよならする本』『「ひとり老後」の楽しみ方』『つらい時に力をくれる「こころの名医」100の言葉』『お金をかけない「老後の楽しみ方」』『心が軽くなる「老後の整理術」』『定年から元気になる「老後の暮らし方」』『毎日が楽しくなる「老後のトキメキ術」』『女性のための「老後の楽しみ方」』（以上、PHP文庫）、『老後のイライラを捨てる技術』（PHP新書）、『小さいことにクヨクヨしない方法124』（廣済堂文庫）などがある。

この作品は、2011年12月にPHP研究所より刊行された『ゆたかに、シンプルに生きる』を改題し、大幅な加筆・修正を加え、再編集したものである。

PHP文庫　精神科医が教える
心が安らぐ「老後のシンプル生活術」

2015年9月17日　第1版第1刷

著者　保坂　隆
発行者　小林成彦
発行所　株式会社ＰＨＰ研究所
東京本部　〒135-8137 江東区豊洲5-6-52
文庫出版部　☎03-3520-9617(編集)
普及一部　☎03-3520-9630(販売)
京都本部　〒601-8411 京都市南区西九条北ノ内町11
PHP INTERFACE　http://www.php.co.jp/
組版　有限会社エヴリ・シンク
印刷所
製本所　図書印刷株式会社

ISBN978-4-569-76438-2

PHP文庫好評既刊

精神科医が教える
毎日が楽しくなる「老後のトキメキ術」

保坂 隆 著

何歳になっても夫婦で手をつないで歩こう――。高齢者に老いの楽しみ方を伝える精神科医が、異性に「ときめく心」の大切さを教えます。

定価 本体五六〇円（税別）

PHP文庫好評既刊

精神科医が教える
定年から元気になる「老後の暮らし方」

保坂 隆 著

まだ若いんだから、そんなに早く老けこまないで——。精神科医が、定年を迎えた700万人の団塊世代に提案する「第2の人生」の選び方。

定価 本体五八〇円（税別）

PHP文庫好評既刊

精神科医が教える
お金をかけない「老後の楽しみ方」

保坂 隆 著

現役時代と老いてからの節約は何が違う？
人生の総決算に向けた、本当に大切な事に
お金とエネルギーと時間を注ぐための上手
な暮らし方。

定価 本体五七一円（税別）